СВОБОДА ПЛЕННЫМ

Благословен Господь,
Который не дал нас в добычу зубам их!
Душа наша избавилась, как птица, из сети ловящих:
сеть расторгнута, и мы избавились.

Помощь наша – в имени Господа,
сотворившего небо и землю.

Псалом 123

МАРК ДЬЮРИ

db

DEROR BOOKS

Четвертое издание книги *Свобода Пленным*
(*Liberty to the Captives*).
Liberty to the Captives: copyright © 2022 by Mark Durie

Title: *Liberty to the Captives*
Description: Melbourne: Deror Books, 2022.
ISBN: 978-1-923067-21-9

Стихи из Писания приведены по Синодальному переводу Библии.

Дополнительную информацию о книгах Марка Дьюри можно найти на сайте: markdurie.com.

Дополнительные материалы к книге *Свобода Пленным* на разных языках можно найти на сайте: luke4-18.com.

Deror Books, Melbourne Australia
www.derorbooks.com

Оглавление

Предисловие 1

1. Необходимость отречения от Ислама 3

2. Крест - наш путь к свободе 11

3. Понимание Ислама 39

4. Мухаммад и отвержение 57

5. Свобода от Шахады 81

6. Свобода от договора Зимма 107

7. Обман, ложное превосходство и проклятия 127

8. Свободная Церковь 147

Дополнительные материалы 167

Предисловие

Сегодня беспрецедентное количество бывших мусульман выбирает следовать за Христом. К сожалению, многие из них находят отвержение и заботы этого мира слишком тяжелыми. Некоторые христианские лидеры национальных церквей даже сообщают, что 80% отпадает в течение первых двух лет. Что Бог просит нас сделать по этому поводу?

В 2002 году я начал учить о *зиммитюде* и о том, как христиане могут освободиться от страха перед исламом и мусульманами. За преподаванием обычно следовало время служения, когда люди выходили вперед для молитвы. Многие из тех, кто принимал в этом участие, позже свидетельствовали о сильной работе Бога, которая принесла им свободу и дала силу для служения.

Позже я развил учение об освобождении людей от духовного рабства самого ислама. Эти два учения были объединены в этой книге.

По мере того, как служители Евангелия из различных частей мира ознакомились с книгой *Свобода Пленным* и начали ее использовать, она была переведена на разные языки.

За годы, прошедшие с момента публикации книги *Свобода Пленным* в 2010 году, стало понятно, что она нуждается в пересмотре и обновлении, чтобы лучше отвечать потребностям пользователей, особенно общин верующих с мусульманским прошлым. Это, четвертое издание, было значительно переработано – было сделано множество изменений, включающих добавление новых глав.

Для ссылок на Коран используется аббревиатура С. – например С.9:29 означает Сура 9:29, то есть 9я глава, 29й стих Корана. Детальную информацию о приведенных в этой книге источниках можно найти в книге *The Third Choice: Islam, Dhimmitude and Freedom*.

Предоставляя этот материал в распоряжение всемирной церкви, я подчеркиваю, что, выступая против ненависти и предрассудков любого рода, я считаю, что критическое мышление должно применяться ко всем религиям и мировоззрениям. И мусульмане, и немусульмане имеют право прийти к собственному мнению об исламе, соглашаясь или не соглашаясь с его учениями в соответствии со своей совестью и знаниями.

Христианские организации имеют право скачивать, распечатывать и распространять любые материалы сайта luke4-18.com для своего служения.

На сайте luke4-18.com можно скачать PDF-файл этой книги, учебное пособие, и другие материалы, связанные с книгой "Свобода Пленным".

Я всегда благодарен за свидетельства о том, как этот материал помог людям, а также за предложения по его улучшению.

Я хочу выразить искреннюю благодарность многочисленным драгоценным братьям и сестрам, которые оставили свои отзывы, внеся полезные предложения по улучшению этого материала. Я глубоко ценю ваш энтузиазм по отношению к этому проекту. Я также с благодарностью признаю финансовую поддержку и молитвы многих людей, без которых эта работа никогда бы не состоялась.

Слова Христа звучат в наших ушах: "Как послал Меня Отец, так и Я посылаю вас" и "Идите, научите все народы!". Я молюсь Господину жатвы, чтобы книга *Свобода пленным* стала полезным инструментом для выполнения этой задачи и благословением для церквей по всему миру.

Марк Дьюри

Июнь 2022

1

Необходимость отречения от ислама

"Стойте в свободе, которую даровал нам Христос"
Галатам 5:1

Острая нужда

Это свидетельство бывшего мусульманина, который принял христианскую веру, но испытал свободу только когда он позже отрекся от Ислама:

> Я вырос в мусульманской семье на Западе. Мы посещали мечеть и учились читать молитвы на арабском языке. Помимо этого, я не был особо религиозен. Ситуация изменилась, когда я поступил в университет и прошел через период поиска. В конце этого периода я узнал кем на самом деле является Иисус Христос, и Он спас мою душу.
>
> Я стал участником христианской студенческой группы в университете. Каждую неделю студенты по очереди делились посланием из Библии. Несмотря на то, что я был христианином меньше одного года, меня попросили поделиться проповедью. В тот вечер, когда мне нужно было выступать, я зашел в одну из библиотек университета,

чтобы помолиться. Я собирался говорить на тему "Иисус умер за меня; готов ли я умереть за Иисуса?"

В момент, когда я начал молиться, произошло что-то очень странное. Я почувствовал, как у меня сжимается горло, как будто кто-то душит меня. Это ощущение продолжало усиливаться, и я начал паниковать. Вдруг я услышал голос: "Отрекись от ислама! Отрекись от ислама!", я верю, что это был Господь. В своих мыслях я начал искать отговорки: "Господь, я, в последнее время, не увлекался исламом и не практиковал его".

Однако ощущение удушения продолжалось, и тогда я сказал: "Во имя Иисуса, я отрекаюсь от ислама". Поскольку я был в библиотеке, все это происходило достаточно тихо. Ощущение удушения сразу же прекратилось. Я испытал глубокое облегчение! Я вернулся к молитве и подготовке к проповеди. Во время нашего собрания Господь проявил себя могущественным образом, и я помню, как студенты на коленях взывали к Нему и посвящали Ему себя.

Одной из необходимостей для множества людей в этом мире является отречение от ислама. Эта книга объясняет почему это необходимо, и как это сделать. В ней содержится информация и молитвы, которые могут помочь христианам освободиться от контролирующего духовного влияния ислама.

Основная идея этой книги заключается в том, что духовная власть ислама осуществляется посредством двух заветов (или пактов), известных как *шахада* и *зимма*. *Шахада* обязывает мусульман, а *зимма* – немусульман соблюдать условия, устанавливаемые исламским законом.

Что важно знать:

- как человек, который был мусульманином, но решил следовать за Христом может отречься и обрести свободу от завета *шахады* и всему что он влечет за собой.
- как христианин может обрести свободу и освободиться от унизительного статуса навязанного немусульманам исламским законом шариата через завет *зимма*.

Христиане могут обрести полноценную свободу отрекшись от этих двух заветов. (Молитвы отречения от ислама, способствующие этой цели приведены далее в этой книге).

Два завета

Арабское слово Ислам означает "подчинение" или "сдача". Вера Мухаммада предоставляет миру два вида подчинения. Первый – это подчинение новообращенного, который принимает религию Ислама. Второй – это подчинение немусульманина, который покоряется исламскому господству без обращения.

Завет обращенного – *шахада*, мусульманский символ веры. Это исповедание веры в единство Аллаха, пророчество Мухаммада, и всего того, что это за собой влечет.

Завет немусульманина который подчинился исламскому политическому господству – *зимма*. Это установление исламского закона, которое определяет статус христиан и других людей, которые выбрали не обращаться в ислам, но вынуждены жить под его правлением.

Необходимо противостоять требованию Ислама, согласно которому человечество должно покориться, либо через исповедание *шахады*, либо через принятие пакта *зимма*.

Для большинства христиан не будет удивительно то, что человеку, который оставил мусульманскую веру, чтобы следовать за Христом, нужно отречься от Ислама. Однако, для многих христиан будет откровением что христиане, которые никогда не были мусульманами тем не менее могут попасть под духовное влияние исламского господства. Для того чтобы отвергнуть это господство, они должны лично противостоять утверждениям договора *зимма*, отбросив страх и подчиненное положение, которое Ислам стремится навязать им, как немусульманам.

Мы исследуем принципы, лежащие в основе этих двух заветов господства - *шахады* и *зиммы*, - и предложим вам задуматься о Христе, силе Его жизни и духовных ресурсах свободы, которые Он обеспечил через крест. Мы приведем библейские принципы и молитвы, которые позволят вам заявить о свободе, которую Христос вам уже обеспечил.

Передача власти

Многие исламские богословы уделяют большое внимание идее верховной власти они подчеркивают, что власть принадлежит "только Аллаху". Под этим они подразумевают, что закон *шариата* должен иметь главенствующее положение над всеми другими принципами справедливости или власти.

Ключевая идея этой книги состоит в том, что последователи Христа имеют право, и даже обязанность, отречься от любых других форм духовной власти.

В христианском понимании, обращение ко Христу означает отвержение и отречение от всех духовных требований к человеческой душе, помимо выдвигаемых Христом. Павел в своем послании к Колоссянам описывает приход к вере во Христа, как переход из одного царства в другое:

> Избавившего нас от власти тьмы и введшего в Царство возлюбленного Сына Своего, в Котором мы имеем искупление Кровию Его и прощение грехов.
>
> (К Колоссянам 1:13-14)

Духовная стратегия, предложенная в этой книге, состоит в применении данного принципа перехода из одного царства в другое. Неотъемлемой частью искупления верующих христиан является то, что они перешли под власть Христа. Поэтому они больше не подчинены принципам "власти тьмы".

Для того чтобы верующие могли обрести и провозгласить эту свободу – которая, в противовес исламским заявлениям, является их правом по рождению – они должны понять от чего они были избавлены и во что они были введены. Эта книга предлагает читателям такую информацию и предоставляет верующим ресурсы, которые помогут им ее применить.

Меч – это не ответ

Есть множество путей противостояния исламскому желанию доминировать. Они могут включать в себя широкий спектр действий, включая политические и общественные действия, борьбу за права человека, академические исследования и использование медиа для того, чтобы доносить истину. Для некоторых общин и наций иногда может быть необходимо военное вмешательство, но меч не может быть окончательным ответом исламскому джихаду.

Когда Мухаммад посылал своих последователей нести миру его веру, он поручал им предлагать немусульманам три варианта выбора. Одним было обращение (*шахада*), другим – политическая капитуляция (*зимма*), а последним выбором был меч – сражаться за свои жизни, убивать и быть убитыми, как учит Коран (Сура 9:111; см. также С.2:190-193, 216-217; С.9:5, 29).

Путь военного сопротивления *джихаду несет в себе* духовные опасности, помимо возможности быть побежденным. Когда христиане Европы начали оборонительное сопротивление исламскому завоеванию, им пришлось взяться за меч более чем на тысячу лет. *Реконкиста* для освобождения Пиренейского полуострова заняла почти 800 лет. Всего через семь лет после того, как арабы разграбили Рим в 846 году, и более чем через столетие после мусульманского вторжения и оккупации Андалусии (Пиренейского полуострова), папа Лев IV в 853 году пообещал рай тем, кто отдаст свои жизни, защищая христианские церкви и города от *джихада*. Однако это была попытка бороться с исламом, копируя его тактику: в конце концов, именно Мухаммад, а не Иисус, обещал рай тем, кто погибнет в бою.

Однако корень силы ислама – не военный или политический, а духовный. В своих завоеваниях ислам выдвигал, по сути, *духовные* требования, выраженные в законах *шариата* через институты *шахады* и *зиммы* и подкрепленные военной силой. По этой причине предлагаемые здесь ресурсы для сопротивления и освобождения людей от ислама являются духовными. Они предназначены для использования верующими христианами, которые применяют библейское понимание креста, чтобы обеспечить людям путь к свободе.

"Не рукою"

В Книге пророка Даниила есть поразительное пророческое видение, данное за шесть веков до Рождества Христова, о правителе, чье правление возникнет из царств, пришедших после империи Александра Македонского:

> Под конец же царства их, когда отступники исполнят меру беззаконий своих, восстанет царь наглый и искусный в коварстве. И укрепится сила его, хотя и не его силою, и он будет производить удивительные опустошения и успевать и действовать и губить сильных и народ святых. И при уме его и коварство будет иметь успех в руке его, и сердцем своим он превознесется, и среди мира погубит многих, и против Владыки владык восстанет, но будет сокрушен – не рукою. (Даниил 8:23-25)

Характеристики и влияние этого правителя удивительно похожи на Мухаммада и его наследие, включая чувство превосходства ислама, жажду успеха, использование обмана, захват силы и богатства других и использование их для получения власти, новые и новые победы над народами, у которых было ложное чувство безопасности, противостояние Иисусу, Сыну Божьему и распятому Господу, а также разрушение христианских и еврейских общин.

Может ли это пророчество относиться к Мухаммаду и религии ислама, которая возникла на моральных и духовных обломках жизни и наследия Мухаммада, как сообщают мусульманские источники? Это наследие очевидно. Если речь идет о Мухаммаде, то пророчество Даниила дает надежду на победу над властью этого "царя", но в нем также содержится предупреждение о том, что победа не будет достигнута "не рукою". Чтобы победить этого свирепого "царя", свобода не будет и не может быть завоевана только политическими, военными или экономическими средствами.

Это предостережение, безусловно, справедливо в отношении заявленного исламом права на господство над всеми другими.

Сила, стоящая за этим утверждением, духовна, и эффективное сопротивление, ведущее к прочной свободе, может быть достигнуто только духовными средствами. Другие формы сопротивления, включая военную силу, могут быть необходимы для устранения симптомов исламского стремления к господству, но они не могут устранить корень проблемы.

Только сила Христа и Его крест дают ключи к прочному и окончательному освобождению от притязаний ислама. Именно из этого убеждения и была написана эта книга. Ее цель – дать верующим возможность обрести свободу от двух аспектов стратегии ислама, направленной на господство над человеческой душой.

2

Крест - наш путь к свободе

> "Он помазал Меня… проповедовать пленным освобождение".
> Луки 4:18

Реза был молодым человеком, который решил оставить ислам и последовать за Иисусом Христом. На одном из вечерних собраний ему предложили прочитать молитву, отвергающую ислам. Он с готовностью приступил к этому. Однако во время молитвы, когда он подошел к словам "Я отрекаюсь от примера Мухаммада", он к своему удивлению обнаружил, что не может произнести слово "Мухаммад". Это шокировало его, потому что, хотя он вырос в мусульманской семье, ислам ему никогда не нравился, и он уже давно не исповедовал его. Его друзья-христиане собрались вокруг него и ободрили его, напомнив ему о его власти в Иисусе Христе. После этого он смог завершить молитву, произнеся слова, в которых отказался от примера Мухаммада.

После этой ночи в жизни Резы изменились две вещи. Во-первых, он исцелился от привычки всю жизнь злиться на других; во-вторых, он стал эффективным в благовестии и обучении других людей, которые оставили ислам. В ту ночь, когда Реза отрекся от ислама, он получил помазание силы для благовестия и ученичества, что стало ключом к его эффективности в служении. Он был освобожден для служения Евангелию.

Эта глава рассказывает о том, как освободиться от власти сатаны. Она подготавливает почву для последующих глав, посвященных оковам ислама.

Принципы, изложенные в этой главе, можно применять в самых разных ситуациях, связанных не только с исламом.

Иисус начинает учить.

В своем послании к Римлянам Павел говорит о "свободе славы детей Божьих" (Римлянам 8:21). Эта "свобода славы" - право каждого христианина по рождению. Это великий дар, драгоценное наследство, которое Бог хочет дать каждому, кто доверяет Иисусу и следует за Ним.

Когда Иисус начал свое служение учителя, Его самая первая публичная проповедь была о свободе. Это произошло сразу после крещения Иисуса Иоанном Крестителем и после того, как Он был искушаем сатаной в пустыне. Вернувшись из пустыни, Иисус сразу же начал проповедовать Евангелие. Как он это сделал? Он сделал это, представив Себя. В Евангелии от Луки мы читаем, что Иисус встал в синагоге в Назарете, своем родном селении, и начал читать из книги пророка Исаии, главу 61:

> Дух Господень на мне; ибо Он помазал Меня благовествовать нищим, и послал Меня исцелять сокрушенных сердцем, проповедовать пленным освобождение, слепым прозрение, отпустить измученных на свободу, проповедовать лето Господне благоприятное.
>
> И, закрыв книгу и отдав служителю, сел; и глаза всех в синагоге были устремлены на Него. И Он начал говорить им: ныне исполнилось писание сие, слышанное вами. (Луки 4:18-21)

Иисус говорил людям, что Он пришел освободить их. Он говорил, что обетование о свободе, данное Исайей, исполняется "сегодня": жители Назарета встречаются с Тем, Кто может принести свободу пленникам. Он также говорил им, что помазан Святым Духом: Он - Помазанник, Мессия, избранный Богом Царь, их обещанный Спаситель.

Иисус приглашал их выбрать свободу. Он принес благую весть: надежду для бедных, освобождение для пленников находящихся в темнице, исцеление для слепых и свободу для всех угнетенных.

Куда бы ни приходил Иисус, Он приносил людям свободу - настоящую свободу, в различных сферах. Читая Евангелия, мы слышим о том, как Иисус делал добро для множества людей: давал надежду не имеющих ее, кормил голодных, освобождал людей от власти бесов и исцелял больных.

Иисус и сегодня приносит людям свободу. Каждый христианин призван Иисусом наслаждаться свободой, которую Он приносит.

Когда Иисус объявил в синагоге, что провозглашает "лето Господне благоприятное", Он сказал людям, что это особое время для Бога, чтобы явить им Свою благосклонность. Иисус говорил им, что Бог придет с силой и любовью, чтобы освободить людей, и они тоже могут быть освобождены.

Будете ли вы надеяться и верить, что чтение этой книги может стать для вас особым временем, когда вы сможете испытать Божью благодать и свободу?

Время выбирать

Представьте, что вы находитесь в клетке, а дверь в нее заперта. Каждый день вам приносят еду и воду. Вы можете жить в ней, но вы – пленник. Предположим, кто-то приходит и отпирает дверь в эту клетку. Теперь у вас есть выбор. Вы можете продолжать жить в клетке, а можете выйти из нее и узнать, какова жизнь за ее пределами. Недостаточно, чтобы дверь в клетку была открыта. Вы должны решить из нее выйти. Если вы не решите стать свободным, вы все равно останетесь запертым.

Когда Павел писал галатам, он сказал: "стойте в свободе, которую даровал нам Христос, и не подвергайтесь опять игу рабства" (Галатам 5:1). Иисус Христос пришел, чтобы освободить людей, и как только мы узнаем о свободе, которую Он принес, нам предстоит сделать выбор. Выберем ли мы жить как свободные люди?

Павел говорит, что нам нужно быть бодрыми и внимательными, чтобы находиться в свободе. Чтобы жить в свободе, мы должны понять, что значит быть свободными, затем заявить о своем праве на свободу и ходить в ней. Когда мы следуем за Иисусом, нам нужно научиться "стоять в свободе" и отвергать "иго рабства".

Это учение призвано помочь каждому сделать выбор в пользу свободы, а затем жить как свободные люди.

В следующих ниже пунктах мы узнаем о роли сатаны, о том, как мы были переведены из-под власти сатаны в Царство Божье, и о духовной битве, в которой мы участвуем.

Сатана и его царство

Библия говорит, что у нас есть враг, тот, кто хочет нас уничтожить. Его зовут Сатана. У него есть много помощников. Некоторые из этих помощников называются демонами.

Иисус описывает, как сатана обращается с людьми, в Евангелии от Иоанна 10:10, называя сатану "вором": "Вор приходит только для того, чтобы украсть, убить и погубить. Я пришел для того, чтобы имели жизнь и имели с избытком". Какой сильный контраст! Иисус приносит жизнь с избытком, а сатана - потерю, разрушение и смерть. Иисус также говорит нам, что сатана "был человекоубийца от начала" (Иоанна 8:44).

Согласно Евангелиям и посланиям Нового Завета, сатана обладает подлинной, но ограниченной властью и господством над этим миром. Его царство называется "властью тьмы" (Колоссянам 1:13), а сам он именуется:

- "Князь мира сего" (Иоанна 12:31)
- "Бог века сего" (2-е Коринфянам 4:4)
- "Князь, господствующий в воздухе" (Ефесянам 2:2)
- "Дух, действующий ныне в сынах противления" (Ефесянам 2:2).

Апостол Иоанн даже учит нас, что весь мир находится под властью сатаны: "Мы знаем, что мы от Бога, и что весь мир лежит во зле" (1 Иоанна 5:19).

Если мы понимаем, что весь мир находится под властью лукавого, то не должны удивляться тому, что видим свидетельства работы сатаны во всех культурах, идеологиях и религиях этого мира. Сатана действует даже в церкви.

По этой причине нам также необходимо рассмотреть возможное влияние зла на ислам, его мировоззрение и его духовную силу; но сначала мы рассмотрим общие принципы того, как освободиться от зла.

Важный переход

Дж. Л. Холден, сотрудник Тринити-колледжа в Оксфорде, написал обзор теологического мировоззрения Павла. Павел, по его словам:

> ...имел убеждения относительно человека. Человек не только греховно и сознательно отчужден от Бога... он также находится в рабстве у демонических сил, которые преследуют вселенную и которые используют Закон не как средство послушания человека Богу, а как инструмент своей тирании. Это отчуждение человека от Бога характерно для всего человечества – оно не является ни чисто еврейским, ни чисто языческим. Это состояние человека как дитя Адама.[1]

Холден продолжает объяснять, что в мировоззрении Павла человек нуждается в спасении от этого рабства: "Что касается демонических сил, то потребность человека – это просто освобождение от их контроля". Ключ к этому спасению – то, что совершил Христос через Свою смерть и воскресение. Он одержал победу над грехом и демоническими силами зла, которые связывают человечество.

Хотя как христиане мы все еще живем во "тьме века сего" (Ефесянам 6:12; сравните с Филиппийцам 2:15), означает ли это,

---

1. J. L. Houlden, *Paul's Letters from Prison*, p. 18.

что мы находимся под властью и контролем сатаны? Нет! Ведь мы перешли в Царство Иисуса.

Когда Иисус открывается Павлу в видении и призывает его идти к язычникам, апостолу говорится, что он откроет людям глаза и обратит их "от тьмы к свету и от власти сатаны к Богу" (Деяния 26:18). Эти слова означают, что до спасения Христом люди находятся под властью сатаны, но через Христа они искуплены от власти зла и переведены из власти тьмы в Царство Божье.

Павел объясняет в своем послании к Колоссянам, как он молится за них:

> ... благодаря Бога и Отца, призвавшего нас к участию в наследии святых во свете, избавившего нас от власти тьмы и введшего в Царство возлюбленного Сына Своего, в Котором мы имеем искупление Кровию Его и прощение грехов. (Колоссянам 1:12-14)

Когда кто-то эмигрирует в другую страну, он может попросить гражданство в новой стране, но для этого ему возможно придется отказаться от своего прежнего гражданства. Спасение во Христе подобно этому: когда вы входите в Царство Божье, вы получаете новое гражданство, а старое оставляете позади.

Ваш полный переход верности Иисусу Христу должен быть намеренным. Он может включать в себя следующие элементы:

- Отрекитесь от сатаны и всего зла.
- Откажитесь от всех неправильных связей с другими людьми, которые пользовались нечестивой властью над вами.
- Откажитесь и разорвите все нечестивые заветы, заключенные вашими предками от вашего имени или каким-либо образом повлиявшие на вас.
- Откажитесь от всех нечестивых духовных способностей, которые приходят через нечестивые союзы.
- Передайте все права на свою жизнь Иисусу Христу и пригласите Его править в вашем сердце как Господа с этого дня.

Битва

Когда футболист переходит в другую команду, он должен играть за свою новую команду. Он больше не может играть за свою старую команду. Так и мы, когда нас переводят в Царство Божье: должны играть за команду Иисуса и перестать забивать голы, играя в команде сатаны.

Согласно Библии, между Богом и сатаной идет духовное противостояние. Это космическое восстание против Царства Божьего (Марка 1:15; Луки 10:18; Ефесянам 6:12). Это конфликт между двумя царствами, в котором нет нейтральной территории, где можно было бы укрыться. Христиане находятся в затяжной борьбе, в которой решающее сражение уже выиграно на кресте, и окончательный исход не вызывает сомнений: Христос победил и будет побеждать.

Последователи Христа – это его служители, поэтому они ежедневно вступают в битву с силами этого темного века. Смерть и воскресение Христа дают им власть над этой тьмой и являются основой их силы противостоять ей. Спорная территория этой войны состоит из людей, сообществ, обществ и наций.

В этой битве даже церковь может стать полем боя, а ее ресурсы могут быть использованы в злых целях.

Это серьезный и весомый вопрос. Однако Павел описывает уверенность в победе, когда пишет, что силы этого темного века были обезоружены, посрамлены и побеждены благодаря кресту и полученному через него прощению грехов:

> И вас, которые были мертвы во грехах и в необрезании плоти вашей, оживил вместе с Ним, простив нам все грехи, истребив учением бывшее о нас рукописание, которое было против нас, и Он взял его от среды и пригвоздил ко кресту; отняв силы у начальств и властей, властно подверг их позору, восторжествовав над ними Собою. (Колоссянам 2:13-15)

В этом отрывке используется образ римского победного марша, называемого "триумфом". После победы над врагом победоносный генерал со своей армией возвращался в Рим.

Чтобы отпраздновать победу, полководец возглавлял грандиозную процессию, в которой побежденных врагов заставляли идти в цепях по улицам города, отобрав у них оружие и доспехи. Жители Рима смотрели на это, радостно приветствуя победителей и насмехаясь над поверженными врагами.

Павел использует образ римского победного шествия, чтобы объяснить значение креста. Когда Христос умер за нас, Он отменил власть греха. Как будто обвинения против нас были прибиты ко кресту: отмена этих обвинений была выставлена на обозрение всех сил тьмы. Благодаря этому сатана и его демонические силы, стремящиеся уничтожить нас, потеряли свою власть, потому что у них нет обвинений, которые они могли бы использовать против нас. Они стали похожи на врагов во время победного шествия римлян: побежденные, безоружные и публично униженные.

Через крест была достигнута победа над силами и властями этого темного века. Этот триумф лишает злые силы прав на власть, в том числе тех, которые они получили благодаря соглашениям, в которые вольно или невольно, осознанно или неосознанно вступили люди.

Это важный принцип: на каждое обвинение и тактику, которые сатана использует против нас, крест дает "ключ" к победе и свободе.

В двух следующих пунктах мы рассмотрим роль сатаны как обвинителя, и стратегии, которые он использует против людей. После этого мы рассмотрим шесть способов, с помощью которых сатана пытается связать людей: грех, непрощение, слова, душевные раны, ложь (нечестивые убеждения), а также родовой грех и вытекающие из него проклятия. Для каждой стратегии сатаны мы опишем средство защиты: способ, с помощью которого христиане могут провозгласить свою свободу и избавиться от этих влияний в своей жизни. Все эти вопросы будут важны, когда мы перейдем к рассмотрению вопроса о том, как освободиться от уз ислама.

Обвинитель

У сатаны есть стратегии, которые он использует против нас. Важно знать и понимать эти стратегии и быть готовым противостоять им. Мы должны применять нашу свободу и жить ею. Для этого мы должны быть внимательны: христианам полезно знать и понимать планы сатаны и быть готовыми противостоять им.

Павел предупреждает в послании к Ефесянам 6:18, что христиане должны быть начеку. Также и Петр предупреждает христиан: "Трезвитесь и бодрствуйте, потому что противник ваш диавол ходит, как рыкающий лев, ища, кого поглотить" (1 Петра 5:8). Чего нам нужно остерегаться? Мы должны быть бдительны к обвинениям сатаны.

В Библии сатана назван "клеветником" (Откровение 12:10), а на иврите слово "сатана" означает "обвинитель" или "противник". Это слово использовалось для обозначения обвинителя в суде. В Библии слово "сатана" используется так в Псалме 108: "и диавол [сатана] да станет одесную его. Когда будет судиться, да выйдет виновным" (Псалом 108:6-7). В похожей ситуации в Захарии 3:1-3 говорится о фигуре "сатаны", который стоит по правую руку от первосвященника Иисуса Навина и обвиняет его перед ангелом Божьим. Другой пример – когда сатана обвиняет Иова перед Богом (Иов 1:9-11), прося разрешения испытать его.

Перед кем сатана обвиняет нас? Мы знаем, что он обвиняет нас перед Богом. Он также обвиняет нас перед другими; и он обвиняет нас перед самими собой через слова других людей и через наши собственные мысли. Он хочет, чтобы мы страдали от этих обвинений, верили им, были запуганы и ограничены ими.

В чем сатана обвиняет нас? Он обвиняет нас в наших грехах, а также в тех сторонах нашей жизни, которые мы, так или иначе, отдали ему.

Мы также должны понимать, что когда сатана обвиняет нас, его обвинения полны лжи. Иисус сказал о сатане:

> Он был человекоубийца от начала и не устоял в истине, ибо нет в нем истины. Когда говорит он ложь, говорит свое, ибо он – лжец и отец лжи. (Иоанна 8:44)

Какие стратегии лжи использует сатана, и как нам устоять, когда он обвиняет нас? Понимание этих стратегий будет очень полезным. Например, в 1-м Послании к Коринфянам Павел призывает христиан практиковать прощение. Почему это важно? Павел говорит, что мы прощаем, "чтобы не сделал нам ущерба сатана, ибо нам небезызвестны его умыслы" (2-е Коринфянам 2:11). Павел говорит, что мы можем знать, что замышляет сатана, и, поскольку мы знаем, что одна из стратегий сатаны – обвинить нас в непрощении, мы будем быстро прощать других, чтобы не стать уязвимыми для его обвинений.

У сатаны есть и другие стратегии. Здесь мы рассмотрим шесть его основных способов обвинения верующих и подумаем, как нам можно противостоять им. Вот эти шесть стратегий:

- грех
- непрощение
- душевные раны
- слова (и символические действия)
- нечестивые убеждения (ложь)
- родовой грех и вызванные им проклятия.

Как мы увидим, ключевой шаг к обретению духовной свободы – это умение назвать и отвергнуть все претензии, которые сатана может выдвинуть против нас. И неважно, содержат ли его обвинения часть истины или же они просто полная ложь.

Открытые двери и предоставленные места

Прежде чем мы рассмотрим каждую из этих шести областей, нам нужно ввести несколько полезных определений для прав, которые сатана предъявляет людям и которые он использует для их угнетения. Два ключевых названия – "открытые двери" и "места".

Открытая дверь – это точка входа, которую человек может предоставить сатане по незнанию, непослушанию или неосторожности, и которой сатана затем воспользуется, чтобы атаковать и угнетать человека. Вспомним, как Иисус описал сатану как "вора", который ходит вокруг и ищет возможности украсть, убить и погубить (Иоанна 10:10). В безопасном доме двери не оставляют открытыми: каждая дверь надежно заперта.

Место – это плацдарм в человеческой душе, который, как утверждает сатана, человек передал ему – часть нас, которую сатана пометил как свою собственную.

Павел говорит о том, что христианин может дать место дьяволу затаив гнев: "Гневаясь не согрешайте: солнце да не зайдет во гневе вашем, и не давайте места диаволу" (Ефесянам 4:26-27). Греческое слово, переведенное как "место" - это *топос*, что означает "обитаемое место". *Топос* имеет основное значение - место, которое занято, а греческое выражение "дать *топос*" означает "дать возможность". Павел говорит, что если кто-то держится за гнев, вместо того чтобы исповедовать и отказаться от него как от возможного греха, он отдает духовную территорию сатане. Сатана может занять это место и использовать его для злых целей. Продолжая гневаться, человек может дать место сатане.

В Евангелии от Иоанна 14 Иисус использует язык юридических прав, когда говорит, что сатана не имеет над Ним власти:

> Уже немного Мне говорить с вами; ибо идет князь мира сего и во Мне не имеет ничего. Но чтобы мир знал, что Я люблю Отца и как заповедал Мне Отец, так и творю. (Иоанна 14:30-31)

Архиепископ Дж. Х. Бернард в своем комментарии к этому отрывку пишет, что Иисус говорит: "У сатаны... нет никакого места в моей личности, на котором он мог бы закрепиться".[2] На самом деле идиома здесь юридическая, как объясняет Д. А. Карсон:

---

2. J. H. Bernard, *A Critical and Exegetical Commentary on the Gospel According to John*, vol. 2, p. 556.

"И во Мне не имеет ничего" – это вариант идиомы, которая часто используется в юридическом контексте и означает "У него ничего нет на меня"... Дьявол мог бы получить какую-то власть над Иисусом, только если бы сумел выдвинуть обоснованное обвинение против Него.[3]

Почему сатана не имеет ничего на Иисуса? Потому что Иисус без греха. Он говорит, что делает "то, что повелел Мне Отец Мой" (Иоанна 14:31; см. также Иоанна 5:19). Вот почему в Иисусе нет ничего, что позволило бы сатане предъявить на Него законные права. У Иисуса нет ни одного места, которое сатана мог бы использовать.

Иисус был распят будучи невиновным человеком. Это очень важно для силы креста. Поскольку Иисус был невиновен, сатана не может утверждать, что распятие было законным наказанием. Смерть Божьего Мессии была невинной жертвой за других, а не справедливым наказанием, назначенным сатаной против Иисуса. Если бы Христос уступил сатане хоть какое-то место, Его смерть была бы справедливым наказанием за грех. Вместо этого, поскольку Иисус был невиновен, Его смерть могла стать и стала действенной жертвой за грехи всего мира.

Что мы можем сделать с открытыми дверями и предоставленными сатане местами в нашей собственной жизни? Мы можем закрыть открытые двери и устранить эти места. Для того чтобы заявить о своей духовной свободе, эти шаги крайне важны. Мы должны делать это систематически, закрывая все открытые двери и очищая все места в нашей жизни.

Но как это сделать? Давайте рассмотрим каждую из шести сфер по очереди. Все они будут важны, когда мы перейдем к рассмотрению того, как ислам сковывает людей.

---

3. Д. Карсон, *Комментарий на Евангелие от Иоанна*, стр. 651

Грех

Если открытая дверь – это грехи, которые мы совершили, то мы можем закрыть эту дверь, покаявшись в грехах, которыми мы дали сатане разрешение претендовать на власть над нашей жизнью. Сила креста – ключ к этому процессу. Обращаясь к Христу как к Спасителю, мы можем получить Божье прощение. Как пишет Иоанн, "Кровь Иисуса... очищает нас от всякого греха" (1 Иоанна 1:7). Если мы очищены от греха, то грех не имеет над нами власти. Как пишет Павел, мы "оправданы Кровию Его" (Римлянам 5:9). Это значит, что Бог видит нас праведными. Когда мы каемся и обращаемся ко Христу, мы становимся похороненными вместе с Ним: мы отождествляемся с Иисусом. Тогда мы становимся теми, против кого сатана не может выдвинуть никакого законного обвинения. Мы становимся теми, над кем сатана не имеет власти, потому что наш грех "покрыт" (Римлянам 4:7). Мы освобождаемся от его обвинительных претензий к нам.

Как это работает на практике? Если кто-то борется с привычкой постоянно лгать, то этот человек должен осознать, что ложь неправомерна в глазах Бога, исповедать это, покаяться во лжи и получить прощение через Христа. После этого можно будет отвергнуть ложь и отречься от нее. Если же человеку нравится лгать, он находит это полезным и не намерен от этого отказываться, то любые попытки освободиться от лжи, скорее всего, окажутся тщетными, и сатана сможет использовать этот плацдарм против него.

Мы можем закрыть дверь для греха, покаявшись, отказавшись от него и доверившись кресту Христа. Таким образом, мы лишаем сатану права использовать наши грехи против нас.

Непрощение

Еще одна стратегия, которую сатана любит использовать против нас – это наше непрощение. Иисус много учил о прощении. Он говорил, что Бог не простит нас, пока мы не простим других (Марка 11:25-26; Матфея 6:14-15).

Непрощение может привязать нас к чьему-то проступку или к болезненному событию. Это может дать место сатане, законное право против нас. Павел пишет об этом во Втором послании к Коринфянам:

> А кого вы в чем прощаете, того и я; ибо и я, если в чем простил кого, простил для вас от лица Христова, чтобы не сделал нам ущерба сатана, ибо нам небезызвестны его умыслы. (2-е Коринфянам 2:10-11)

Почему наше непрощение позволяет сатане перехитрить нас? Потому что он может использовать наше непрощение как плацдарм против нас. Но если нам, как говорит Павел, "небезызвестны его умыслы", то мы знаем, что нам нужно устранить его плацдарм, практикуя прощение.

Прощение имеет три аспекта: прощение других, получение прощения от Бога, а иногда и прощение самого себя. Этот символ Креста Прощения[4] помогает нам помнить об этих трех аспектах. Горизонтальная перекладина напоминает нам о необходимости прощать других. Вертикальная перекладина напоминает нам о необходимости получить Божье прощение. Круг напоминает нам о необходимости простить себя.

Прощение не означает, что мы забываем о том, что сделал другой человек, или оправдываем его. Оно не означает, что мы просто должны доверять этому человеку. Прощение других означает, что мы отказываемся от права обвинять их перед Богом. Мы освобождаем человека, причинившего нам зло, от всех претензий, которые мы могли бы к нему предъявить. Мы передаем их Богу, чтобы Он судил справедливо, и мы передаем этот вопрос Богу. Прощение – это не чувство; это решение.

Важно не только получать прощение от Бога, но и давать его, потому что прощение имеет большую силу, когда мы знаем, что были прощены (Ефесянам 4:32).

---

4. Крест прощения взят из следующей книги: Chester and Betsy Kylstra, "*Restoring the Foundations*", p. 98.

В конце этой книги в разделе "Дополнительные ресурсы" есть "Молитва прощения".

Душевные раны

Душевная рана может стать причиной предоставления места сатане. Душевные раны на самом деле могут ранить даже сильнее, чем телесные, и когда мы получаем физическую травму, наша душа тоже может быть ранена. Предположим, кто-то пережил травмирующее и страшное нападение. После этого он может долгое время страдать от страха. Сатана может использовать этот страх против человека, чтобы связать и поработить его еще большим страхом.

Однажды, когда я преподавал об исламе, ко мне подошла женщина из Южной Африки, которая десятилетием ранее пережила травмирующую ситуацию, связанную с людьми из мусульманской среды. По просьбе местной семинарии ее семья оказала гостеприимство двум мужчинам, которые утверждали, что являются новообращенными, вышедшими из ислама. Это стало началом чрезвычайно трудного и болезненного периода. Ее гости вели себя агрессивно и постоянно издевались над ней и ее семьей. Они прижимали ее к стенам, называли свиньей, проклинали и даже плевали на нее, когда проходили мимо. Она даже нашла маленькие кусочки бумаги, прикрепленные в разных местах по всему дому, с написанными на них проклятиями на арабском языке. Семья обратилась за помощью в свою церковь, но никто им не поверил. В итоге им удалось избавиться от этих "гостей", сняв для них другое жилье. Женщина пишет: "В то время мы были истощены финансово, духовно, эмоционально и физически и находились на самом дне. Я больше не верила в себя, мне казалось, что я ни на что не гожусь, потому что они обращались со мной как с грязью". Послушав мои уроки об исламских узах, она противостала мучившими ее страхами, сомнениями в себе и отвергла их. Мы вместе молились об исцелении от травмирующего опыта, отрекаясь от запугивания. Она получила удивительное исцеление и сказала: "Я славлю Господа за эту небесную встречу... Я чувствую облегчение и достойна служить Господу как женщина. Слава Господу!" Позже она написала мне:

Мы по-прежнему служим Господу, мы любим Его больше, чем прежде, мы узнали так много о мусульманской культуре и верованиях, мы стали сильнее благодаря всему этому, и мы можем сказать, что любим мусульман любовью Господа и никогда не перестанем показывать им своей жизнью, как сильно Иисус любит каждого из них.

Когда люди страдают от душевных ран, сатана пытается накормить их ложью. Эта ложь неправдива, но человек может поверить в нее, потому что боль кажется реальной. Для этой женщины ложь заключалась в том, что она ничего не стоит и "ни на что не годится".

Чтобы освободиться от такой лжи, мы можем применить следующие пять шагов:

1. Сначала предложите человеку излить свою душу Господу, рассказав о том, что он чувствует по поводу своей боли.
2. Затем помолитесь Иисусу, чтобы он исцелил травму.
3. Человека можно побудить простить того, кто причинил ему боль.
4. Человека можно призвать отказаться от страха и других пагубных последствий травмы, провозгласив доверие к Богу.
5. Человек может признаться и отвергнуть всю ложь, в которую он поверил из-за нанесенной ему обиды.

После этого сатанинские атаки можно будет отражать гораздо успешнее, поскольку его плацдарм будет ликвидирован.

Слова

Слова могут иметь большую силу. Используя свои слова, мы можем лишить свободы других и самих себя. По этой причине сатана пытается использовать наши слова против нас. Иисус сказал:

Говорю же вам, что за всякое праздное слово, какое скажут люди, дадут они ответ в день суда: ибо от слов своих оправдаешься, и от слов своих осудишься. (Матфея 12:36-37)

Иисус учил нас использовать свои слова для благословения, а не для проклятия: "Любите врагов ваших, благотворите ненавидящим вас, благословляйте проклинающих вас и молитесь за обижающих вас". (Луки 6:27-28)

Предупреждение Иисуса о том, чтобы не произносить неосторожных слов, относится ко всей нашей речи, включая клятвы, обещания и устные заветы, которые мы заключили. Подумайте о том, почему Иисус запретил Своим ученикам давать клятвы:

А Я говорю вам: не клянитесь вовсе… Но да будет слово ваше: "да, да"; "нет, нет"; а что сверх этого, то от лукавого. (Матфея 5:34, 37)

Так почему же нельзя давать клятвы? Иисус объясняет, что это исходит от "лукавого", от самого сатаны. Сатана хочет, чтобы мы клялись, потому что он планирует использовать наши слова против нас, чтобы навредить нам. Это может дать ему место в нашей жизни на котором он сможет закрепиться и обвинить нас. Это может произойти даже в том случае, если мы не осознаем силу произнесенных нами слов.

Что же делать, если мы поклялись или дали обет, обещание или завет устно (а возможно, и ритуальными действиями), которые связали нас с неправильным путем, с путем, по которому мы не должны были идти, и который не является Божьей волей?

В книге Левит 5:4-10 объясняется, что должны были делать израильтяне, если кто-то произносил "безрассудную клятву", и они оказывались связанными из-за нее. Был предусмотрен способ освобождения от клятвы. Человек должен был принести жертву священнику, который искупил бы этот грех, и тогда он был бы освобожден от своих безрассудных слов.

Хорошая новость заключается в том, что благодаря кресту мы можем освободиться от нечестивых обещаний, клятв и обетов, которые мы давали. Замечательно, что Библия учит нас, что кровь Иисуса "говорит лучше, чем кровь Авеля":

> Но вы приступили к горе Сиону... к Ходатаю нового завета – Иисусу, и к крови кропления, говорящей лучше, нежели Авелева. (Евреям 12:22-24)

Это значит, что кровь Иисуса обладает силой отменять все проклятия, наложенные на нас из-за произнесенных нами слов. В частности, завет в крови Иисуса отменяет и аннулирует все соглашения, которые мы заключили со страхом или смертью.

Ритуальные обряды: свобода от кровного договора

Мы обсуждали силу слов, связывающих нас. В древнееврейских Писаниях стандартным способом связать себя узами завета был договор на крови. В этом случае слова сочетались с ритуальными действиями.

Когда Бог заключил свой знаменитый завет с Авраамом в Бытие 15, он был приведен в исполнение через жертвоприношение. Авраам принес животное, зарезал его и положил части животного на землю. Затем между частями животного прошли дым и пламя огня, символизирующее присутствие и участие Бога. Этот ритуал призывал проклятие: "Да стану я подобен этому животному, если нарушу этот завет", то есть "да буду я убит и разрублен на части".

Это отражено в предупреждении, данном Богом через пророка Иеремию:

> И отдам преступивших завет Мой и не устоявших в словах завета, который они заключили перед лицом Моим, рассекши тельца надвое и пройдя между рассеченными частями его, князей Иудейских и князей Иерусалимских, евнухов и священников и весь народ земли, проходивших между рассеченными частями тельца, - отдам из в руки врагов их и в руки ищущих души их, и трупы из будут пищею птицам небесным и зверям земным. (Иеремия 34:18-20)

Ритуалы посвящения, подобные практикуемым в колдовстве, могут включать в себя связывание человека договором с помощью жертвоприношения крови. В таких ритуалах смерть может призываться не настоящей кровью, а символически: например, произнося проклятия самоуничтожения; надевая на шею символ смерти, такой как петля; или разыгрывая смерть в ритуале, например помещаясь в гроб или подвергаясь символическому удару ножом в сердце. (Позже мы рассмотрим пример такого рода ритуала связанного с исламом).

Кровные договоры, в том числе ритуалы символической смерти, налагают смертельное проклятие на человека, а иногда и на его потомков. Это опасно с духовной точки зрения, потому что такие ритуалы открывают двери для духовного угнетения. Сначала они связывают человека условиями договора, а затем обретают духовное основание на убийство или смерть этого человека во исполнение проклятий договора.

Одна христианка, чья община на протяжении многих поколений жила под властью ислама, страдала от кошмаров, в которых умершие родственники звали ее в страну мертвых. Ее также мучили совершенно нелогичные суицидальные мысли, которым не было видимого объяснения. Во время разговора и молитвы с ней, выяснилось, что другие члены ее семьи в предыдущих поколениях также видели необъяснимые кошмары о смерти, которые сильно их беспокоили. Я понял, что, поскольку ее предки жили под властью ислама и подчинялись завету *зимма*, страх смерти угнетал ее. Существовал особый ритуал, который ее предки-христиане мужского пола должны были проходить каждый год, когда они платили мусульманам налог *джизья в соответствии с условиями зимма*. В рамках этого ритуала их били по шее, чтобы символизировать обезглавливание, если они нарушали условия договора подчинения исламу. (Мы обсудим этот ритуал в шестой главе). Я помолился вместе с этой женщиной об этом, обличая силу смерти и отменяя конкретное проклятие смерти, связанное с этим ритуалом обезглавливания. После этих молитв, разрушивших силу этого ритуала, она испытала освобождение от ночных кошмаров и мыслей о смерти.

Нечестивые убеждения (ложь)

Одна из главных стратегий, которую сатана использует против нас – это кормить нас ложью. Когда мы принимаем эту ложь и верим ей, он может использовать ее против нас, чтобы обвинить, запутать и обмануть нас. Никогда не забывайте, что сатана –"лжец и отец лжи" (Иоанна 8:44). (В истории с южноафриканской женщиной, рассказанной ранее в этой главе, ложь заключалась в том, что она ничего не стоит).

Когда мы становимся зрелыми учениками Иисуса Христа, мы учимся распознавать и отвергать ложь, которую раньше принимали за истину. Эта ложь или безбожные убеждения могут проявляться в нашей жизни по-разному: в том, что мы говорим, в том, что мы думаем и во что верим, а также в самобичевании, то есть в том, что мы думаем или говорим самим себе, когда никто другой не слушает. Примеры нечестивых убеждений:

- "Никто никогда не сможет полюбить меня".
- "Люди не могут измениться".
- "Я никогда не буду в безопасности".
- "Со мной что-то в корне не так".
- "Если люди узнают, какая я на самом деле, они отвергнут меня".
- "Бог никогда не простит меня".

Иногда ложь может быть частью культуры нашего общества: например, "Женщины слабы" или "Мужчинам нельзя доверять". Я принадлежу к английской (англосаксонской) культуре, и одним примером лжи в моей культуре является убеждение, что мужчинам не подобает проявлять эмоции. Есть английская поговорка: "Настоящие мужчины не плачут". Люди называют это способностью "держать себя в руках". Но это неправда: иногда настоящие мужчины плачут!

По мере того как мы становимся зрелыми учениками, мы учимся противостоять лжи, которая является частью нашей культуры, и заменять ее истиной.

Помните: самая совершенная ложь – это та, которая *кажется* правдой. Иногда, даже если умом мы понимаем, что нечестивое убеждение не соответствует действительности, сердцем оно все равно кажется правдой.

Иисус учил нас: "если пребудете в слове Моем, то вы истинно Мои ученики, и познаете истину, и истина сделает вас свободными" (Иоанна 8:31-32).

Святой Дух помогает нам выявить ложь, в которую мы поверили, а затем отвергнуть ее (1-е Коринфянам 2:14-15). Когда мы следуем за Иисусом учась отвергать мирскую ложь, наше мышление может получить исцеление и преобразиться. Павел объясняет, что таким образом мы можем обновить свой разум:

> И не сообразуйтесь с веком сим, но преобразуйтесь обновлением ума вашего, чтобы вам познавать, что есть воля Божия, благая, угодная и совершенная. (Римлянам 12:2)

Плохая новость заключается в том, что ложь может предоставить место сатане. Хорошая новость заключается в том, что мы можем избавиться от этого плацдарма через встречу с истиной. Когда мы узнаем истину, мы можем исповедаться, отвергнуть и отказаться от той лжи, которой мы поверили.

В разделе "Дополнительные материалы" в конце этой книги есть молитва в отношении лжи.

Родовые грехи и вызванные ими проклятия

Еще одна стратегия, которую сатана может использовать против нас – это родовой грех: грехи наших предков. Они могут сопровождаться проклятиями, которые негативно влияют на нас.

Все мы видели семьи, в которых из поколения в поколение передается тот или иной грех или дурной характер. На этот счет есть пословица, которая гласит: "Яблоко от яблони недалеко падает". Семьи также могут передавать духовное наследство, которое влияет на их потомков, открывая двери для сатаны. Духовное угнетение может влиять на несколько поколений, так как одно поколение связывает своими грехами следующее, и в результате проклятия передают зло от одного поколения к другому.

Некоторые христиане считают концепцию духовной связи между поколениями неприемлемой или даже иррациональной. Вместо этого они указывают на влияние поведения родителей на детей. Например, если отец - лжец, то его дети могут копировать его и научиться быть лжецами; или если мать проклинает своего ребенка, то в результате у него может сформироваться плохое представление о себе. Это поведение, которому люди научены. Но есть и духовное наследие, передаваемое родителями, которое отличается от этого.

Все мировоззрение Библии, касающееся заветов, проклятий и благословений, согласуется с этой точкой зрения. Библия описывает, как Бог заключил завет с народом Израиля, имея дело с ним как с межпоколенческой общиной и связывая его системой благословений и проклятий, которые распространялись на него и его потомков: благословения – до тысячного поколения, а проклятия – до третьего или четвертого рода (Исход 20:5; 34:7).

Если Бог так обращался с людьми из поколения в поколение, то, конечно, легко понять, что сатана предъявляет права на человечество из поколения в поколение! Помните, что сатана – это "обвинитель", который клевещет "на них перед Богом нашим день и ночь" (Откровение 12:10), приводя против нас все, что может. Он обвиняет и будет обвинять нас за грехи наших предков. Например, грех Адама и Евы вызвал родовые проклятия против их потомков, включая боль при родах (Бытие 3:16); господство мужчин над женщинами (Бытие 3:16); тяжелый труд, чтобы заработать на жизнь (Бытие 3:17-18); и в конечном итоге смерть и разложение (Бытие 3:19). Именно так работает "тьма века сего". Сатана знает это и использует против нас.

Библия пророчествует о переменах в этих сферах, когда Бог больше не будет спрашивать с людей за грехи их родителей, а каждый человек будет отвечать за свои собственные грехи:

> Вы говорите: "почему же сын не несет вины отца своего"? Потому что сын поступает законно и праведно, все уставы Мои соблюдает и исполняет их; он будет жив. Душа согрешающая, она умрет; сын не понесет вины отца, и отец не понесет вины сына, правда праведного при нем и останется, и беззаконие беззаконного при нем и останется. (Иезекииль 18:19-20)

Этот отрывок следует понимать как пророчество о мессианском веке, Царстве Иисуса Христа. Речь идет не о фундаментальном изменении того, как под властью сатаны функционирует "тьма века сего", а об обетовании о другом мире, мире, преображенном приходом Царства возлюбленного Сына Божьего. Это обещание не только о том, что в новом завете Бог будет поступать с каждым человеком по его собственным грехам, но и о том, что сила сатаны, связывающая людей через грехи их родителей и предков, будет разрушена силой смерти и воскресения Иисуса Христа.

И хотя в завете ветхого закона, "закона греха и смерти", действительно говорилось о том, что грехи передаются из поколения в поколение, Христос отменил этот ветхий закон, по которому сатана требовал права связывать людей грехами их родителей, сделав его недействительным через крест. Это свобода, на которую христиане имеют полное право.

Как же мы можем обрести право на свою свободу от родовых проклятий? Ответ можно найти в Библии. Тора объясняет, что для того, чтобы последующие поколения были свободны от последствий грехов своих предков, они должны "исповедовать свои грехи и грехи своих предков" (Левит 26:40). Тогда, говорит Бог, Он "вспомнит завет с предками их" и исцелит их и их землю (Левит 26:45).

Мы можем использовать эту же стратегию. Мы можем:

- исповедать грехи наших предков и наши собственные грехи,

- отвергнуть и отказаться от этих грехов, а затем
- разрушить все проклятия, вызванные этими грехами.

У нас есть власть делать это благодаря кресту Христа. Крест имеет силу освободить нас от любого проклятия: "Христос искупил нас от клятвы закона, сделавшись за нас клятвою..." (Галатам 3:13).

В разделе "Дополнительные ресурсы" в конце этой книги есть "Молитва о родовом грехе".

В следующих разделах мы рассмотрим власть, которую мы имеем во Христе, и то, как мы можем применить ее в конкретных ситуациях. Мы также опишем пять шагов для победы над стратегиями сатаны.

Власть нашего царства

Иисус наставлял учеников, что они имеют власть "связывать" и "разрешать" дела на небесах и на земле, то есть как в духовной сфере, так и в физической:

> Истинно говорю вам: что вы свяжете на земле, то будет связано на небе; и что разрешите на земле, то будет разрешено на небе. (Матфея 18:18; см. также 16:19)

Обещание о нашей власти над сатаной провозглашено в самом начале Библии, в Бытие 3:15, где Бог говорит змею, что потомство женщины будет "поражать тебя в голову". Павел тоже говорит об этом: "Бог же мира сокрушит сатану под ногами вашими вскоре". (Римлянам 16:20)

Когда Иисус послал своих учеников, сначала двенадцать, а затем семьдесят два, он дал им власть изгонять бесов, провозглашая Царство Божье (Луки 9:1). Позже, когда ученики вернулись, они выразили свое удивление этой властью, сказав: "Господи! и бесы повинуются нам о имени Твоем". Иисус ответил: "Я видел сатану, спадшего с неба, как молнию". (Луки 10:17-18)

Чудесным утешением является то, что христиане действительно обладают властью побеждать и разрушать стратегии сатаны. Это означает, что верующие имеют власть разрывать и отменять нечестивые заветы и клятвы, потому что завет в крови Христа отменяет силу любого договора, заключенного для злых целей. Это обетование отражено в пророчествах о Мессии в книге Захарии:

> А что до тебя, ради крови завета твоего Я освобожу узников твоих изо рва, в котором нет воды" (Захария 9:11)

Принцип конкретности

Стремясь к свободе, необходимо предпринимать конкретные действия, которые противодействуют нечестивым открытым дверям и плацдармам. Ветхий Завет повелевает полностью уничтожить идолов и места их поклонения. Модель того, как следует разграблять духовную территорию идолов, приведена во Второзаконии 12:1-3, где Бог повелел Своему народу полностью и тщательно уничтожить высоты (места поклонения), ритуальные места, ритуальные предметы и жертвенники, а также самих идолов.

Во время исповеди хорошо и полезно называть свои конкретные грехи. Точно так же, когда мы провозглашаем свою духовную свободу, мы должны быть конкретными. Это проливает свет Божьей истины на каждую область, которая нуждается в прощении. Там, где были заключены нечестивые заветы, они должны быть отменены один за другим, вместе со всеми их условиями и последствиями. Нужно адресовать их конкретно. В целом, чем могущественнее стратегия, которую использует сатана, тем более конкретными должны быть наши действия по разрушению его власти.

Этот *принцип конкретности* применяется, когда мы решаем освободиться от нечестивых обязательств, которые мы взяли на себя своими словами и поступками. Например, человек, связавший себя обетом молчания через кровавое жертвоприношение, должен покаяться и отказаться от участия в этом ритуале и конкретно аннулировать свой обет, данный через него. Точно так же человек, страдающий от непрощения и произносящий такие слова, как "Я никогда не прощу такого-то и такого-то, пока жив", должен покаяться в этом, отказаться от этого обета и попросить у Бога прощения за его произнесение. Жертва сексуального насилия, которая согласилась молчать под угрозой вреда или смерти, должна отказаться от своего обета молчания, чтобы заявить о своей свободе: например, "Я отказываюсь от своего молчания о том, что со мной сделали, и заявляю о своем праве говорить об этом".

Женщина по имени Сьюзан потеряла нескольких любимых людей: отца, мать и мужа. Она боялась, что если полюбит кого-то, то потеряет и его, поэтому поклялась себе: "Я больше никогда никого не полюблю". После этого она стала очень озлобленной и враждебной к окружающим. Она ругалась и проклинала каждого, кто приближался к ней. Но когда ей было за восемьдесят, она нашла Иисуса и присоединилась к церкви. Это дало ей надежду, и она отказалась от своего 50-летнего обета никогда больше не любить. Освободившись от страха, она завязала глубокую и прекрасную дружбу с другими женщинами в церкви. Ее жизнь полностью изменилась, после того как власть сатаны над ее жизнью была низвержена.

Пять шагов к свободе

Вот простая модель служения, включающая пять шагов, которые можно использовать, чтобы противостоять и разрушать стратегии сатаны против нас.

1. Исповедаться и покаяться

Первый шаг – исповедание любого греха, а также провозглашение Божьей истины, относящейся к этой сфере. Например, если вы придерживались нечестивого убеждения, вы можете исповедать это как грех, попросить у Бога прощения за это и покаяться в нем. Вы также можете провозгласить Божью истину, которая применима в этой ситуации.

2. Отречься

Следующий шаг – отречение. Это значит публично заявить, что вы больше не поддерживаете, не верите, не соглашаетесь и не имеете к чему-либо отношения. Например, если вы участвовали в нечестивом ритуале, то, отрекаясь от него, вы снимаете или отменяете свою прежнюю приверженность к нему. Как уже объяснялось ранее, важно делать это конкретно.

3. Разрушить

Этот шаг подразумевает использование духовной власти для того, чтобы разрушить силу чего-либо. Например, если речь идет о проклятии, вы можете заявить: "Я снимаю это проклятие". Ученикам Иисуса была дана власть "наступать… на всю силу вражью" во имя Иисуса (Луки 10:19). Разрушение также должно быть конкретным.

4. Изгнать

Если демоны воспользовались предоставленным местом или открытой дверью, чтобы навредить человеку, то, разобравшись с открытыми дверями или плацдармами, устранив их исповедью, отречением и разрушением, следует приказать демонам уйти.

5. Благословлять и наполнять

Последний шаг - благословить человека и помолиться, чтобы Бог исполнил его всяким добром, в том числе противоположным тому, что его мучило. Например, если они боролись со страхом смерти, благословите их жизнью и мужеством.

Эти пять шагов можно использовать для всех видов уз, но мы сосредоточимся на свободе от ислама, поэтому в последующих главах мы узнаем, как использовать эти шаги для освобождения людей от уз ислама.

3

Понимание ислама

"и познаете истину, и истина сделает вас свободными".
Иоанна 8:32

В этих разделах мы говорим о *шахаде* и объясняем, как она связывает мусульман с примером Мухаммада.

Как стать мусульманином

Слово *ислам* - арабское, означает "подчинение" или "сдача". Слово *мусульманин* означает "подчинившийся", тот, кто подчинился Аллаху.

Что означает эта капитуляция и подчинение? В Коране Аллах предстает как суверенный господин, обладающий абсолютной властью над всем сущим. Ожидаемое отношение к этому господину – подчинение его власти.

Тот, кто принимает ислам, соглашается подчиниться Аллаху и путям его посланника. Это согласие выражается в исповедании *шахады*, исламского вероучения:

> *Ашхаду алля иляха илляЛлах,*
> *ваашхаду анна Мухаммадар РасулюЛлах*
>
> Я свидетельствую, что нет бога, кроме Аллаха,
> и свидетельствую, что Мухаммад – посланник
> Аллаха.

Если вы принимаете *шахаду* и произносите ее про себя, вы стали мусульманином.

Хотя это всего лишь несколько слов, их значение очень велико. Произнесение *шахады* – это заветное заявление о том, что Мухаммад будет вашим руководством на всю жизнь. Быть мусульманином – "подчинившимся" – означает следовать за Мухаммадом как за единственным, последним посланником Аллаха, который дает руководство для каждой сферы жизни.

Наставления Мухаммада содержатся в двух источниках, которые вместе составляют исламский канон:

- *Коран* – это книга откровений, переданных Мухаммаду от Аллаха.

- *Сунна* – это пример Мухаммада, который включает в себя:
    - учения: то, чему Мухаммад учил людей
    - действия: поступки Мухаммада.

Пример Мухаммада (*сунна*) передается мусульманам в двух основных формах. Первая – в сборниках *хадисов*, которые представляют собой традиционные изречения, сообщающие о том, что делал и говорил Мухаммад. Другая – в *сирах*, биографиях Мухаммада, которые претендуют на то, чтобы рассказать историю его жизни от начала до конца.

Личность Мухаммада

Каждый, кто связан *шахадой,* обязан следовать примеру Мухаммада и подражать его характеру. Все это следует из *шахады, в которой* признается, что Мухаммад – посланник Аллаха. Произнесение этих слов в *шахаде* означает, что вы приняли руководство Мухаммада в своей жизни и обязаны следовать ему.

В Коране Мухаммад назван лучшим примером, обязательным для всех:

> В Посланнике Аллаха был прекрасный пример для вас, для тех, кто надеется на Аллаха и Последний день и премного поминает Аллаха. (С.33:21)

> Кто повинуется Посланнику, тот повинуется Аллаху... (С.4:80)

> Для верующего мужчины и верующей женщины нет выбора при принятии ими решения, если Аллах и Его Посланник уже приняли решение. А кто ослушается Аллаха и Его Посланника, тот впал в очевидное заблуждение. (С.33:36)

В Коране говорится, что те, кто следует за Мухаммадом, будут успешны и благословенны:

> Те, которые повинуется Аллаху и Его Посланнику, боятся Аллаха и исповедуют богобоязненность, обрели успех. (С.24:52)

> Кто повинуется Аллаху и Посланнику, окажутся вместе с [теми]...которых облагодетельствовал Аллах. (С.4:69)

Противодействие наставлениям и примеру Мухаммада считается неверием, которое ведет к поражению в этой жизни и огню в следующей. Эти проклятия возлагаются на мусульман в Коране:

> А того, кто воспротивился Посланнику после того, как ему стал ясен прямой путь, и последует не путем верующих, Мы направим туда, куда он обратился, и сожжем в Геенне. Как же скверно это место прибытия! (С.4:115)

> Берите же то, что дал вам Посланник, и сторонитесь того, что о запретил вам. Бойтесь Аллаха, ведь Аллах суров в наказании. (С.59:7)

Коран даже повелевает бороться с каждым, кто отвергает Мухаммада:

> Сражайтесь с теми из людей Писания, которые не веруют ни в Аллаха, ни в Последний день, которые не считают запретным то, что запретили Аллах и Его Посланник, которые не исповедуют истинную религию, пока они не станут собственноручно платить дань, оставаясь униженными. (С.9:29)

> Укрепите тех, которые уверовали! Я же всёлю ужас в сердца тех, которые не веруют. Рубите им головы и рубите им все

пальцы. Это потому, что они воспротивились Аллаху и Его Посланнику. А если кто противится Аллаху и Его Посланнику, то ведь Аллах суров в наказании. (С.8:12-13)

Но стоит ли следовать примеру Мухаммада? Хотя некоторые аспекты жизни Мухаммада положительны, другие вызывают восхищение, а многие и вовсе восхитительны, есть вещи, которые Мухаммад совершал неправильно практически по любым этическим стандартам. Многочисленные поступки Мухаммада, описанные в *сире* и *хадисах,* шокируют, они включают в себя убийства, пытки, изнасилования и другие надругательства над женщинами, порабощение, воровство, обман и подстрекательство против немусульман.

Такие материалы вызывают беспокойство не только как свидетельство того, кем был Мухаммад-человек: благодаря *шариату* они также имеют значение для всех мусульман. Пример Мухаммада был закреплен Аллахом в Коране как лучший образец для подражания, поэтому все случаи из жизни Мухаммада, даже плохие, становятся для мусульман стандартами для подражания.

Коран - личный документ Мухаммада

Правоверные мусульмане считают Коран совершенным до последней буквы откровением Аллаха, переданным человечеству через его посланника Мухаммада. Если вы принимаете посланника, вы должны принять и его послание. Поэтому *шахада* обязывает мусульманина верить в Коран и повиноваться ему.

Главное, что нужно понять в том, как создавался Коран – это то, что Мухаммад и Коран так же тесно взаимосвязаны, как тело с его позвоночником. *Сунна* – учение и пример *Мухаммада* – подобна телу, а Коран – позвоночнику. Ни один из них не может стоять без другого, и вы не можете постичь одно без другого.

Исламский *шариат* – "путь" мусульманина

Чтобы следовать учению и примеру Мухаммада, мусульманин должен обратиться к Корану и *Сунне*. Однако этот сырой материал слишком сложен и труднодоступен для большинства мусульман для понимания и самостоятельного использования. Для религиозных лидеров первых веков ислама стало очевидным, что большинство мусульман должно полагаться на небольшое число экспертов, которые могли бы классифицировать и организовать сырой материал *сунны* Мухаммада и Корана в систематический и последовательный набор правил для жизни. Так, основываясь на Коране и *сунне* Мухаммада, мусульманские юристы составили то, что стало известно, как *шариат* – "путь" жизни мусульманина.

Исламский *шариат* также можно назвать *шариатом* Мухаммада, поскольку он основан на его примере и учении. Система правил *шариата* определяет полный образ жизни, как для отдельного человека, так и для общества. Без *шариата* не может быть ислама.

Поскольку *сунна* Мухаммада является основой *шариата*, важно понимать и обращать внимание на записанные детали того, что делал и говорил Мухаммад, зафиксированные в *хадисах* и *сире*. Отсутствие знаний о Мухаммаде – это незнание *шариата*, а это в свою очередь незнание прав человека, живущего в условиях ислама или под влиянием ислама. *Шариат призывает* мусульман подражать тому, что делал Мухаммад, и это влияет на жизнь всех – как мусульман, так и немусульман. Связь между жизнью Мухаммада и жизнью мусульман сегодня может быть не всегда прямой, но она остается чрезвычайно сильной и значимой.

Еще одна особенность *шариата* заключается в том, что в отличие от законов, принимаемых парламентами, которые разрабатываются людьми и могут быть изменены, *шариат* считается божественным установлением. Поэтому утверждается, что *шариат* совершенен и неизменен. Тем не менее, существуют некоторые области гибкости. Постоянно возникают новые обстоятельства, для которых мусульманским юристам приходится разрабатывать способы применения *шариата*, но это лишь небольшие корректировки, в то время как большинство постановлений *шариата* считаются предопределенной, совершенной и вечной системой.

В нижеследующих разделах мы рассмотрим учение ислама о том, что мусульмане – это успешные люди, которые превосходят всех других.

"Приходите к успеху"

Каков результат правильного руководства согласно Корану? Для тех, кто покоряется Аллаху и принимает его руководство, результатом является *успех* в этой и следующей жизни. Призыв ислама – это призыв к успеху.

Этот призыв к успеху провозглашается в *азане*, или призыве к молитве, который звучит для мусульман пять раз в день:

> Аллах велик! Аллах велик!
> Аллах велик! Аллах велик!
> Я свидетельствую, что нет бога, кроме Аллаха.
> Я свидетельствую, что нет бога, кроме Аллаха.
> Я свидетельствую, что Мухаммад – посланник Аллаха.
> Я свидетельствую, что Мухаммад – посланник Аллаха.
> приходите на поклонение. Приходите на поклонение.
> **Приходите к успеху. Приходите к успеху.**
> Аллах велик! Аллах велик!
> Аллах велик! Аллах велик!
> Нет бога, кроме Аллаха.

В Коране очень много внимания уделяется важности успеха. Он делит человечество на победителей и остальных. Те, кто не принимает руководство Аллаха, неоднократно называются "потерпевшими урон".

> От того, кто ищет иную религию помимо ислама, это никогда не будет принято, и в Последней жизни он окажется среди **потерпевших урон**. (С.3:85)

> Если ты станешь приобщать сотоварищей, то тщетными будут твои деяния и ты непременно окажешься одним из **потерпевших убыток**. (С.39:65)

Акцент ислама на успехах и неудачах означает, что многие мусульмане научены своей религией считать себя выше немусульман, а более благочестивым мусульманам говорят, что они выше менее благочестивых мусульман, поэтому дискриминация – это образ жизни в исламе.

Разделенный мир

На протяжении всех глав Коран много говорит не только о мусульманах, но и о людях других вероисповеданий, в том числе о христианах и иудеях. В Коране и исламской юридической терминологии упоминаются четыре различные категории людей:

6. Прежде всего, это истинные мусульмане.

7. Есть еще одна категория *лицемеров, которые* являются непокорными мусульманами.

8. *Идолопоклонники* были доминирующей категорией среди арабов до появления Мухаммада. Арабское слово, обозначающее идолопоклонника, - *мушрик*, что буквально означает "ассоциирующий". Это люди, которые, как считается, совершили *ширк* – "ассоциацию", что означает утверждение, что кто-то или что-то подобно Аллаху, или что у Аллаха есть сотоварищи, которые разделяют его власть и правление.

9. *Люди книги* – это подкатегория *мушриков*. В эту категорию входят христиане и иудеи. Они должны считаться *мушриками*, потому что Коран называет и христиан, и иудеев виновными в *ширке* (С.9:30-31; С.3:64).

Понятие "Люди Книги" означает, что христианство и иудаизм, как считается, связаны с исламом и исходят из него. Ислам считается материнской религией, от которой на протяжении веков произошли христиане и иудеи. Согласно Корану, христиане и иудеи следуют вере, которая изначально была чистым монотеизмом – то есть исламом, но их писания были изменены и больше не являются подлинными. В этом смысле христианство и иудаизм рассматриваются как искаженные производные ислама, последователи которого сбились с истинного пути.

В Коране есть как положительные, так и отрицательные отзывы о христианах и иудеях. С положительной стороны в нем сообщается, что некоторые христиане и иудеи верны и искренне веруют (С.3:113-14). Однако в той же главе говорится, что испытанием их искренности является то, что истинные из них станут мусульманами (С.3:199).

Согласно исламу, христиане и иудеи не могли освободиться от своего невежества, пока Мухаммад не принес Коран (С.98:1). Ислам учит, что Мухаммад был даром Аллаха христианам и иудеям, чтобы исправить их заблуждения. Это означает, что христиане и иудеи должны принять Мухаммада как посланника Аллаха, а Коран – как его окончательное откровение (С.4:47; С.5:15; С.57:28-29).

Вот четыре утверждения, которые Коран и *Сунна* делают в отношении немусульман, в частности христиан и евреев:

10. Мусульмане –"лучшие из людей", превосходящие другие народы. Их роль – учить их тому что является добром и что злом, повелевая совершать одобряемое и удерживая от предосудительного (С.3:110).

11. Судьба ислама – господствовать над всеми другими религиями (С.48:28).

12. Чтобы достичь этого превосходства, мусульмане должны сражаться с иудеями и христианами (людьми Книги), пока они не будут побеждены, унижены, и вынуждены платить дань мусульманской общине (С.9:29).

13. Христиане и иудеи, которые придерживаются *ширка* и продолжают не верить в Мухаммада и его единобожие, то есть те, кто не принимает ислам, попадут в ад (С.5:72; С.4:47-56).

Хотя иудеи и христиане рассматриваются вместе и составляют единую категорию, известную как Люди Книги, иудеи подвергаются большей критике. В Коране и *Сунне* против них выдвигается множество конкретных теологических претензий. Например, Мухаммад учил, что в конце даже камни подадут свои голоса, чтобы помочь мусульманам убить иудеев, и в

Коране говорится, что именно христиане "ближе всего в любви" к мусульманам, а иудеи (и идолопоклонники) испытывают самую большую вражду к мусульманам (С.5:82).

Однако в конечном итоге Коран выносит отрицательный вердикт как евреям, так и христианам. Это осуждение даже включено в ежедневные молитвы каждого правоверного мусульманина.

Евреи и христиане в ежедневных молитвах мусульман

Самая известная глава (*сура*) Корана - *Аль-Фатиха* "Открывающая Коран". Эта *сура* читается во время всех обязательных ежедневных молитв – *салата* – и повторяется в каждой молитве. Правоверные мусульмане, совершающие все свои молитвы, читают эту *суру* не менее 17 раз в день и более 5 000 раз в год.

Аль-Фатиха– это молитва о руководстве:

> Во имя Аллаха, Милостивого, Милосердного!
> Хвала Аллаху, Господу миров,
> Милостивому, Милосердному,
> Властелину Дня Воздаяния!
> Тебе одному мы поклоняемся и Тебя одного молим о помощи.
> Веди нас прямым путем,
> Путем тех, кого Ты облагодетельствовал,
> не **тех, на кого пал гнев**,
> и не **заблудших**. (С.1:1-7)

Это молитва, в которой Аллаха просят о помощи, чтобы направить верующего по "прямому пути". Как таковая она соответствует сути послания ислама о руководстве.

Но кто же те, о ком говорят, что они попали под гнев Аллаха или сбились с прямого пути? Кто эти люди, заслуживающие того, чтобы о них так плохо говорили в молитвах каждого мусульманина, каждый день, сотни тысяч раз за жизнь многих мусульман? Мухаммад разъяснил смысл этой *суры*, сказав: "Те, кто заслужил гнев, - это иудеи, а те, кто сбился с пути, - это христиане".

Примечательно, что ежедневные молитвы каждого мусульманина, лежащие в основе ислама, включают в себя отвержение христиан и иудеев как заблуждающихся и объектов гнева Аллаха.

В следующих разделах мы рассмотрим ущерб, нанесенный исламским *шариатом*. В первую очередь это происходит благодаря примеру и учению Мухаммада.

Проблемы *шариата*

Когда ислам обосновывается в стране, в течение длительного времени культура общества может быть перестроена под влиянием *шариата*. Этот процесс называется "исламизацией". Поскольку в жизни и учении Мухаммада было много нехорошего, *шариат породил* множество несправедливостей и социальных проблем. Это означает, что, хотя ислам обещает успех, *шариатские* общества часто приносят людям много вреда. Если мы посмотрим на мир сегодня, то увидим, что многие исламские страны плохо развиты и имеют много проблем с правами человека из-за влияния ислама.

Некоторые из несправедливостей и проблем, вызванных *шариатом*, таковы:

- В мусульманских обществах женщины занимают более низкое положение и подвергаются многочисленным притеснениям из-за исламских законов. Ниже мы рассмотрим один из примеров: дело Амины Лоуал.

- Исламское учение о *джихаде* стало причиной конфликтов и вреда для миллионов мужчин, женщин и детей по всему миру.

- Наказания, предусмотренные *шариатом* за некоторые преступления, жестоки и чрезмерны: например, отрубание руки ворам и убийство вероотступников за отказ от ислама.

- *Шариат* не способен изменить людей и сделать их хорошими. Когда в странах происходили исламские революции, и радикальные мусульмане брали власть в свои руки, результатом становилось не уменьшение, а увеличение коррупции. Примером может служить недавняя история Ирана: после иранской исламской революции 1978 года, когда был свергнут шах, мусульманские ученые возглавили правительство, но, несмотря на их обещания, коррупция только возросла.

- Мухаммад разрешал и даже поощрял мусульман лгать в определенных обстоятельствах. Последствия этого мы обсудим позже.

- Из-за исламских учений немусульмане часто подвергаются дискриминации в мусульманских обществах. Большинство преследований христиан в современном мире осуществляется мусульманами.

Дело Амины Лоуал

Давайте рассмотрим пример мусульманки, чья жизнь оказалась под угрозой из-за *шариата*. В 1999 году в Нигерии были введены *шариатские* суды для штатов с мусульманским большинством на севере страны. Три года спустя, в 2002 году, *шариатский* судья приговорил Амину Лоуал к смертной казни через побивание камнями за то, что она родила ребенка, зачатого после развода. Она назвала имя отца ребенка, но без теста ДНК суд не смог доказать, что он является отцом, поэтому мужчина был признан невиновным. Только женщина была признана виновной в прелюбодеянии и приговорена к побиванию камнями.

Судья, осудивший Амину, также постановил, что побивание камнями должно произойти только после того, как она отлучит ребенка от груди. Этот приговор и применение его после того, как ребенок был отлучен от груди, в точности соответствовали примеру Мухаммада, который побил мусульманку камнями до смерти после того, как она призналась в прелюбодеянии, но только после того, как ребенок был отлучен от груди и стал есть твердую пищу.

Шариатский закон о побивании камнями плох по нескольким причинам:

- Это чрезмерно.
- Это жестоко: смерть от побития камнями – ужасный способ умереть.
- Это также вредит мужчинам, которые побивают камнями.
- Он является дискриминационным и направлен на женщину, которая забеременела, но не на мужчину, по вине которого она забеременела.
- Он лишает маленького младенца матери, делая его сиротой.
- Он игнорирует возможность того, что женщина могла быть изнасилована.

Дело Амины вызвало международный резонанс. В посольства Нигерии по всему миру было направлено более миллиона писем протеста. К счастью для Амины, ее приговор был отменен апелляционным судом. Отменяя приговор Амине, *шариатский* апелляционный суд фактически не отверг принцип, согласно которому исламским наказанием за прелюбодеяние является побивание камнями до смерти. Вместо этого были приведены другие причины: например, апелляционный суд заявил, что приговор Амине должны были выносить три судьи, а не один.

Узаконенный обман

Одним из проблемных аспектов исламского *шариата* является его учение о лжи и обмане. Хотя следует признать, что ложь в исламе считается очень серьезным грехом, существуют ситуации, когда ложь допустима или даже обязательна, согласно исламским авторитетам, основывающихся на примере Мухаммада.

Существует несколько конкретных обстоятельств, при которых мусульманам разрешается или требуется лгать. Например, в сборнике *хадисов под* названием *Сахих аль-Бухари* есть глава под заголовком "Тот, кто устанавливает мир между людьми, не лжец". Согласно этому аспекту примера Мухаммада, одно из обстоятельств, при которых мусульманам разрешается говорить неправду, - это когда ложь для примирения людей будет иметь положительный эффект.

Другой контекст для законной лжи - когда мусульманам угрожает опасность со стороны немусульман (С.3:28). Из этого стиха вытекает понятие *такийя*, которое означает практику обмана для обеспечения безопасности мусульман. Мусульманские ученые единодушно считают, что мусульманам, живущим под политическим господством немусульман, разрешается проявлять дружелюбие и доброту к немусульманам в качестве защитной меры, если только они придерживаются своей веры (и вражды) в своих сердцах. Одно из следствий этой доктрины заключается в том, что поведение правоверных мусульман по отношению к немусульманам должно становиться менее дружелюбным, а их убеждения – менее завуалированными по мере роста их политической власти.

Другие обстоятельства, в которых законы *шариата* поощряют мусульман лгать, включают: отношения между мужем и женой для поддержания супружеской гармонии; разрешение споров; когда, сказав правду, вы можете уличить себя - Мухаммад иногда упрекал людей, признавшихся в преступлении; когда кто-то доверил вам свою тайну; и во время войны. В целом ислам пропагандирует этику лжи, в которой цель оправдывает средства.

Некоторые мусульманские ученые проводят тонкие различия между разными видами лжи; например, создание ложного впечатления предпочтительнее, чем откровенная ложь. Утилитарная - цель оправдывает средства - этика лжи и правды может нанести большой вред обществу. Это разрушает доверие и создает путаницу, нанося ущерб внутренней и политической культуре. Мусульманская *умма* - все сообщество мусульман - из-за этого является этически поврежденным сообществом. Например, если мужья привычно лгут своим женам, чтобы сгладить разногласия, как учил Мухаммад, это подрывает доверие в браке. Если дети видят, как их отцы лгут их матерям, это дает им разрешение лгать другим, и им становится труднее доверять другим людям. Культура законного обмана приводит к разрушению доверия во всем обществе. Это означает, например, что ведение бизнеса становится дороже, конфликты затягиваются, а примирения достичь гораздо сложнее.

Когда кто-то покидает ислам, важно, чтобы он специально отказался от этого аспекта примера Мухаммада. Мы вернемся к этому в седьмой главе.

Подумайте сами

Из-за того, что в исламе знания организованы и даже охраняются, бывает трудно понять, чему на самом деле учит ислам по тем или иным вопросам. Культура лжи может усугубить эту проблему.

Первоисточники ислама многочисленны и сложны, а процесс выведения *шариатских* постановлений из Корана и *Сунны* считается высококвалифицированным, требующим долгих лет обучения, которое подавляющему большинству мусульман не под силу. Это означает, что в вопросах веры мусульмане должны полагаться на своих ученых. Действительно, исламский закон предписывает мусульманам искать того, кто более сведущ в вопросах веры, чем они сами, и следовать за этим человеком. Если у мусульман возникают вопросы о законах *шариата*, они должны обратиться к тому, кто обладает необходимыми знаниями.

Исламское религиозное знание не демократизировано так, как библейское знание в последние столетия. Оно предоставляется по необходимости. В исламе некоторые вещи просто не обсуждаются, если нет необходимости их упоминать и, если это может выставить ислам в дурном свете. Многие мусульмане сталкивались с упреками, когда они задавали своему исламскому учителю "неправильный вопрос".

Никто не должен позволять запугивать себя заявлениями о том, что он не имеет права высказывать свое мнение об исламе, Коране или *Сунне* Мухаммада. В наш век, когда первоисточники по этим вопросам легко доступны, каждый –

христианин, иудей, атеист или мусульманин – должен использовать любую возможность, чтобы проинформировать себя и высказать свое мнение по этим вопросам. Каждый, кого затрагивает ислам, имеет право информировать себя и формировать собственное мнение о нем.

В следующих разделах мы рассмотрим исламское понимание Иисуса и объясним, почему исламский Иисус не может дать человеку свободу.

Иса – исламский пророк

Верующие люди должны решить важный вопрос: Пойдут ли они за Иисусом из Назарета или за Мухаммадом из Мекки? Это очень важный выбор, имеющий огромные последствия для отдельных людей и даже для целых народов.

Известно, что мусульмане считают Иисуса, которого они называют Исой, посланником Аллаха, как и Мухаммада. Ислам учит, что Иисус родился чудесным образом от девы Марии, поэтому его иногда называют ибн *Марьям* "сын Марии". Коран также называет Ису – *аль-Масих* (Мессия), но не дает никаких объяснений, что может означать это имя.

Иисус упоминается в Коране под именем Иса более двадцати раз – для сравнения, имя Мухаммад встречается всего четыре раза, а всего в Коране Иисус упоминается под тем или иным именем 93 раза.

Ислам учит, что до Мухаммада было много посланников или пророков, посланных Аллахом к народам прошлого. Коран подчеркивает, что все они, включая Ису, были всего лишь людьми.

Коран утверждает, что эти прежние посланники принесли то же послание, что и Мухаммад, – послание ислама. Например, он утверждает, что повеление сражаться и убивать и обещание рая для верующих, погибших в бою, были даны в прошлом и Иисусу, и Моисею (С.9:111), а позже те же повеление и обещание были переданы через Мухаммада. Конечно, настоящий Иисус из Назарета не учил и не обещал ничего подобного.

В Коране ученики Исы заявляют: "Мы – мусульмане" (С.3:52; см. также С.5:111), а в Коране говорится, что Авраам был не иудеем или христианином, а мусульманином (С.3:67). Среди других библейских персонажей, которых Коран объявляет пророками ислама: Авраам, Исаак, Иаков, Измаил, Моисей, Аарон, Давид, Соломон, Иов, Иона и Иоанн Креститель.

Ислам допускает, что *шариат*, якобы принесенный этими ранними "пророками ислама", не был точно таким же, как *шариат* Мухаммада. Однако утверждается, что с приходом Мухаммада предыдущие *шариаты* были отменены и заменены, поэтому, когда Иисус вернется, он будет править по *шариату* Мухаммада:

> Поскольку с приходом апостольства Мухаммада шариат всех предыдущих пророков был отменен, Иисус будет судить по законам ислама.[5]

Коран также утверждает, что Иса получил от Аллаха книгу, называемую *Инджиль*, подобно Корану Мухаммада. Считается, что учение *Инджиля совпадает с* посланием Корана, однако считается, что оригинальный текст *Инджиля* утерян. Мусульмане считают, что Евангелия в Библии содержат лишь измененные и испорченные фрагменты оригинального *Инджиля*. Однако утверждается, что это не имеет значения, поскольку Мухаммад был послан Аллахом, чтобы дать окончательное слово о том, что необходимо.

По сути, ислам учит, и большинство мусульман верят в то, что, если бы Иисус был жив сегодня, он бы сказал христианам: "Следуйте за Мухаммадом!" Это означает, что если кто-то хочет знать, чему на самом деле учил Иса, и хочет следовать за ним, то ему следует следовать за Мухаммадом и подчиниться исламу: Коран объясняет, что хороший христианин или хороший иудей признает Мухаммада истинным пророком Аллаха (С.3:199).

---

5. *Sahih Muslim*, vol. 2, p. 111, fn 288.

Коран предостерегает христиан от того, чтобы называть Иисуса "Сыном Божьим" или поклоняться ему как Богу. Подчеркивается, что Иса был всего лишь человеком (С.3:59) и рабом Аллаха (С.19:30).

Ислам учит, что перед тем, как наступит конец света, иудаизм и христианство будут уничтожены рукой Исы. Это учение о последних временах помогает нам понять исламскую перспективу. Рассмотрим следующий *хадис* из *Сунана Абу Дауд*:

> [Когда Иса вернется, он будет сражаться с людьми за дело ислама. Он сломает крест, убьет свиней и отменит *джизью*. Аллах приведет к гибели все религии, кроме ислама. Он уничтожит антихриста и будет жить на земле сорок лет, а затем умрет.

Мухаммад говорит, что когда Иса вернется на землю, он "сломает крест", то есть уничтожит христианство, и "отменит *джизью*", то есть положит конец юридической терпимости к христианам, живущим под властью ислама. Это означает, что у христиан больше не будет возможности платить налог, чтобы сохранить свою христианскую религию. Мусульманские ученые интерпретируют это как то, что после возвращения Исы Мусульманского Иисус заставит всех немусульман, включая христиан, перейти в ислам.

Следуйте за настоящим Иисусом из Назарета

Ранее мы говорили, что люди должны решить, за кем им следовать: Иисусом или Мухаммадом. Однако мусульман учат, что это один и тот же выбор: следовать за Иисусом – то же самое, что следовать за Мухаммадом. Мусульман учат, что, следуя за Мухаммадом и любя его, они следуют за Иисусом и любят Иисуса. Мусульмане заменили исторического Иисуса, Иисуса Евангелий, другим Иисусом – Исой Корана. Эта подмена личности скрывает Божий план спасения и служит препятствием для мусульман найти истинного Иисуса и следовать ему.

Правда в том, что о настоящем Иисусе мы можем узнать из четырех Евангелий, которые были записаны при жизни Иисуса. Это достоверные записи об Иисусе, его послании и служении. На учения ислама, созданные более чем через 600 лет после того, как Иисус ходил по земле, нельзя полагаться в плане знания об Иисусе из Назарета.

Когда кто-то отвергает ислам, он должен отвергнуть не только пример Мухаммада, но и ложного Иисуса из Корана. Истинный и лучший способ жить как ученик Иисуса – это учиться у Него и у его последователей, сохраненных для нас в четырех Евангелиях, как говорит Лука, "чтобы ты узнал твердое основание того учения, в котором был наставлен" (Лк. 1:4).

Это очень важно, потому что, как мы увидим, ключ к обретению свободы от духовных уз – жизнь и смерть Иисуса Христа. Только истинный Иисус из Назарета, Иисус из Евангелий, может обеспечить нам эту свободу.

4

Мухаммад и отвержение

> "Любите врагов ваших; благотворите ненавидящим вас".
> Луки 6:27

Мухаммад– это корень и тело ислама. В этой главе дается обзор некоторых тяжелых событий в жизни Мухаммада и того, как пагубно он реагировал на трудности. В первом разделе мы рассмотрим его сложные семейные обстоятельства и другие проблемы, с которыми он столкнулся в Мекке.

Раннее детство

Мухаммад родился около 570 г. н.э. в арабском племени Курайш в Мекке. Его отец, Абдулла ибн Абд аль-Мутталиб, умер еще до рождения Мухаммада. В первые годы жизни Мухаммад был отдан на воспитание в другую семью. Его мать умерла, когда ему было шесть лет, и некоторое время за ним присматривал влиятельный дед, но и он скончался, когда Мухаммаду было восемь лет. Тогда Мухаммад отправился жить к брату своего отца Абу Талибу, где ему поручили скромную задачу - присматривать за верблюдами и овцами своего дяди. Позже он утверждал, что каждый пророк пас стадо, превратив свое скромное происхождение в нечто особенное и неповторимое.

Хотя некоторые дяди Мухаммада были богаты, похоже, они ничем не помогли ему. Коран выражает презрение к одному из дядей, прозванному Абу Лахабом или "отцом пламени", говоря, что он будет гореть в аду из-за своего презрения к Мухаммаду:

> Да погибнут руки Абу Лахаба, и сам он пропал.
> Не спасло его богатство и то, что он приобрел.
> Он попадет в пламенный Огонь.
> Жена его будет носить дрова,
> а на шее у нее будет плетеная веревка из пальмовых волокон.
> (С.111)

Брак и семья

Будучи молодым двадцатипятилетним человеком, Мухаммад работал на богатую женщину Хадиджу, которая предложила ему пожениться. Она была старше Мухаммада. Согласно преданию, записанному Ибн Касиром, Хадиджа боялась, что ее отец отвергнет этот брак, поэтому она заставила его обвенчать их, когда он был пьян. Когда ее отец пришел в себя, он был в ярости, узнав о случившемся.

В арабской культуре мужчина должен был заплатить за жену выкуп, после чего она считалась его собственностью. Если муж умирал, она даже считалась частью его имущества, и наследник мог жениться на ней, если пожелает. В отличие от обычной ситуации, Хадиджа была влиятельной и богатой (биограф Мухаммада Ибн Исхак называет ее "достойной и богатой" женщиной), а Мухаммад был беден и не имел особых перспектив. Кроме того, Хадиджа уже дважды была замужем. Контраст между обычным пониманием брака среди арабов того времени и отношениями между Хадиджей и Мухаммадом поразителен.

У Хадиджи и Мухаммада было шестеро (по некоторым данным, семеро) детей. Всего у Мухаммада было три (или четыре) сына, но все они умерли в младенчестве, не оставив ему наследников мужского пола. Это, несомненно, стало еще одним источником разочарования в семейной жизни Мухаммада, помимо его детских переживаний.

В заключение следует отметить, что в семейных обстоятельствах Мухаммада было несколько потенциально болезненных моментов: он был сиротой, потерял деда, был бедным и находился в зависимых отношениях, был обвенчан пьяным тестем, потерял детей, и стал объектом враждебности со стороны влиятельных родственников. Большим исключением из этой картины отвержения и разочарований стали забота, проявленная о нем его дядей Абу Талибом, и выбор Хадиджи в качестве брачного партнера, который спас его от нищеты.

Основание новой религии (Мекка)

Семейные обстоятельства Мухаммада были тяжелыми, и когда он основал новую религию, то продолжал испытывать трудности.

Мухаммаду было около 40 лет, когда его стал посещать дух, который, как он позже сказал, был ангелом Джабраилом. Поначалу Мухаммад был крайне огорчен этими визитами и думал, не одержим ли он. Он даже подумывал о самоубийстве, говоря: "Я пойду на вершину горы и брошусь вниз, чтобы убить себя и обрести покой". Его жена Хадиджа утешила его во время этих сильных переживаний и отвела к своему двоюродному брату Вараке, христианину, который объявил, что он пророк, а не безумец.

Позже, когда откровения на время прекратились, Мухаммада снова стали посещать мысли о самоубийстве, но каждый раз, когда он собирался броситься с горы, появлялся Джабраил и успокаивал его, говоря: "Новая религия, Мухаммад! Ты - истинный посланник Аллаха".

Похоже, что Мухаммад боялся быть отвергнутым как лжец, ведь в одной из ранних *сур* Аллах заверяет Мухаммада, что не оставит и не отвергнет его (С.93).

Сначала мусульманская община росла медленно. Хадиджа была первой новообращенной. Следующим стал молодой двоюродный брат Мухаммада Али бин Абу Талиб, который воспитывался в доме самого Мухаммада. За ним последовали другие, в основном из числа бедняков, рабов и освобожденных рабов.

Племя самого Мухаммада

Сначала последователи держали новую религию в тайне, но через три года Мухаммад сказал, что Аллах велел ему сделать ее публичной. Для этого он созвал семейное собрание, на котором пригласил своих родственников принять ислам.

Поначалу соплеменники Мухаммада из племени Курайш в Мекке охотно слушали его, но только до тех пор, пока он не начал нападать на их богов. После этого мусульмане стали тем, что Ибн Исхак назвал "презираемым меньшинством". Напряжение нарастало, и две стороны начали враждовать.

Когда оппозиция усилилась, дядя Мухаммада Абу Талиб защитил его. Когда в Мекке к нему подошли другие, говоря: "О Абу Талиб! Сын твоего брата оскорбил наших богов, осудил нашу религию, назвал глупостью наши верования, обвинил наших отцов в заблуждениях. Или ты заставишь его прекратить оскорблять нас, или выдашь его нам!"[6], Абу Талиб дал им мягкий ответ, и они ушли.

Неверующие арабы организовали экономический и социальный бойкот клана Мухаммада, запретив торговлю и браки с ними. Из-за своей бедности мусульмане были уязвимы. Ибн Исхак приводит краткое описание обращения с ними со стороны курайшитов:

> Затем курайшиты проявили вражду ко всем, кто последовал за апостолом; каждый род, в котором были мусульмане, напал на них, заключая их в тюрьмы, избивая, не давая им ни еды, ни питья, подвергая их палящему зною Мекки, чтобы совратить их с их религии. Одни сдавались под натиском преследователей, а другие сопротивлялись им, находясь под защитой Аллаха.[7]

Сам Мухаммад не избежал опасностей и оскорблений: во время молитвы на него бросали грязь и даже внутренности животных.

---

[6] Ибн Хишам, *Жизнеописание пророка Мухаммада*, стр. 103.
7. A. Guillaume, *The Life of Muhammad*, p.143.

Когда преследования продолжились, 83 мусульманских мужчины и их семьи эмигрировали в христианскую Абиссинию, где они нашли защиту.

В следующих разделах мы рассмотрим, как Мухаммад отреагировал на неприятие его собственным народом в Мекке.

Сомнения в себе и самоутверждение

В какой-то момент под давлением курайшитов Мухаммад, похоже, поколебался в своей вере в единого бога. Они предложили ему сделку, согласно которой они будут поклоняться Аллаху, если он будет поклоняться их богам. Он не согласился, провозгласив стихи из С.109:6: "Вам – ваша религия, мне – моя религия!" Тем не менее Мухаммад, возможно подвергся сомнениям, поскольку ат-Табари сообщает, что, когда он получил откровение 53й Суры, ему было "ниспослано" то, что стало известно как "Сатанинские стихи", в которых говорится о мекканских богинях Аль-Лат, Аль-Уззе и Манат: "Это возвышенные *гараник* (журавли), чье заступничество одобряется".

Услышав этот стих, язычники Курайш обрадовались и стали поклоняться вместе с мусульманами. Однако ангел Джабраил упрекнул Мухаммада, и Мухаммад объявил, что этот стих был отменен (аннулирован) и исходил от сатаны. Когда Мухаммад объявил, что стих был отменен, это вызвало еще большее презрение со стороны курайшитов, которые стали еще более враждебно относиться к Мухаммаду и его последователям.

После этого Мухаммад привел стих, в котором утверждается, что все пророки до него также были сбиты с пути сатаной (С.22:52). Здесь мы снова видим, как Мухаммад берет потенциальный повод для стыда и превращает его в знак отличия.

Перед лицом насмешек и обвинений в подделке, которые глубоко ранили его, Мухаммад сообщил, что получил от Аллаха стихи, которые подтвердили его правоту, и похвалил его за замечательный характер. Коран утверждает, что он не заблуждался, а был честным человеком (С.53:1-3; С.68:1-4).

Различные традиции *хадисов* также сообщают, что Мухаммад стал верить в превосходство своей расы, племени, клана и рода. В ответ на утверждения о том, что он незаконнорожденный, он заявил, что все его предки родились в браке и ни одного вне брака, вплоть до Адама. В *хадисе*, переданном Ибн Касиром, Мухаммад объявил, что он лучший человек из лучшего клана (хашимиты) лучшего народа (арабы), сказав: "Я лучший из вас по духу и лучший из вас по происхождению... Я – самый избранный из избранных; поэтому тот, кто любит арабов, любит их только через любовь ко мне".

Именно во время 13-летнего пребывания Мухаммада в Мекке исламская концепция успеха и язык победителей и проигравших стали появляться как темы в Коране. Например, в неоднократных упоминаниях о конфликтах между Моисеем и египетскими идолопоклонниками Коран описывает результаты в терминах победителей и проигравших (например, С.20:64, 68; С.26:40-44). Мухаммад также начал применять терминологию успеха к борьбе между собой и своими противниками, заявив, что те, кто отвергает откровения Аллаха, будут проигравшими (С.10:95).

Дальнейшее отвержение и новые союзники

Некоторое время дела в Мекке шли не очень хорошо, когда в один и тот же год Мухаммад потерял и свою жену Хадиджу, и своего дядю Абу Талиба. Это было огромным ударом. Из-за отсутствия их поддержки и защиты, курайшиты осмелели и стали еще более враждебно относиться к Мухаммаду и его религии.

Арабское общество было основано на союзах и вассальных отношениях. Чтобы быть в безопасности, нужно было попасть под защиту кого-то более могущественного, чем ты сам. Поскольку опасность для него и его последователей возрастала, а его собственное племя отвергло его, Мухаммад отправился в Таиф, расположенный недалеко от Мекки, чтобы найти других защитников. Однако в Таифе над ним насмехались и издевались, и его прогнала толпа.

По дороге из Таифа исламская традиция сообщает, что группа *джиннов* (демонов) услышала, как Мухаммад читает стихи из Корана во время молитвы посреди ночи. Они были настолько впечатлены услышанным, что сразу же приняли ислам. Затем эти демоны-мусульмане отправились проповедовать ислам другим *джиннам*. Этот случай дважды упоминается в Коране (С.46:29-32; С.72:1-15).

Этот случай важен по двум причинам. Во-первых, он соответствует модели самооценки Мухаммада: он смог заявить, что, хотя люди в Таифе отвергли его, нашлись *джинны*, которые признали его тем, за кого он себя выдавал: подлинным посланником Аллаха.

Во-вторых, идея о том, что *джинны* могут быть богобоязненными мусульманами, открыла в исламе дверь в демоническое царство. Этот случай из жизни Мухаммада и его упоминание о *джиннах-мусульманах* послужили оправданием для мусульман, пытающихся установить контакт с (мусульманским) миром духов. Еще одна причина, по которой мусульмане должны взаимодействовать с миром духов, - упоминания в Коране и *хадисах* о том, что у каждого человека есть *карин* или приставленный джин (С.43:36; С.50:23, 27).

В Мекке дела у Мухаммада шли неважно. Однако в конце концов ему удалось найти общину, которая была готова защитить его. Это были арабы из Ясриба (позже названного Мединой), города, где также проживало много евреев. Во время ежегодной ярмарки в Мекке группа гостей из Медины поклялась в верности и послушании Мухаммаду, согласившись жить в соответствии с его посланием единобожия.

В этом первом обещании не было обязательства сражаться. Однако на ярмарке в следующем году большая группа мединцев пообещала защиту, которую искал Мухаммад. Эти мединцы, которых стали называть *Ансарами* (помощниками), обязались вести "войну в полном повиновении апостолу".

После этого было решено, что мекканские мусульмане эмигрируют в Медину, чтобы создать политическую безопасную гавань. Мухаммад последним покинул Мекку, сбежав посреди ночи через заднее окно. В Медине Мухаммад мог беспрепятственно провозглашать свое послание, и практически все мединские арабы приняли ислам в течение первого года. К тому времени Мухаммаду было чуть больше 52 лет.

В мекканские годы Мухаммад был отвергнут своей собственной семьей и племенем. За редким исключением в него верили только смиренные бедняки, а все остальные насмехались над ним, угрожали, унижали и нападали на него.

Поначалу Мухаммад был очень неуверен в себе, опасаясь, что его пророческое призвание будет отвергнуто. В какой-то момент даже кажется, что он принял богов курайшитов. Однако в конце концов, несмотря на все противодействие, Мухаммад действовал с решительным упорством и обрел группу преданных последователей.

Был ли Мухаммад действительно мирным в Мекке?

Многие авторы утверждают, что десятилетие свидетельства Мухаммада в Мекке было мирным. В каком-то смысле это действительно так. Однако, хотя в мекканских главах Корана не содержится ни одного повеления о физическом насилии, оно, несомненно, предполагалось, а ранние откровения грозно обличают соседей Мухаммада, возвещая о страшных муках в следующей жизни для тех, кто отвергает его религию.

Одной из функций мекканских стихов о суде в Коране было оправдание Мухаммада перед лицом отвержения со стороны арабов-курайшитов. Например, в Коране говорится, что те, кто смеется над мусульманами, будут наказаны в этой и следующей жизни. Верующие, сидя и попивая вино в роскоши на своих диванах в раю, будут смеяться, глядя на неверующих, жарящихся в адском огне (С.83:29-36).

Эти послания с осуждением, несомненно, разжигали огонь конфликта в Мекке. Неверующим идолопоклонникам не понравилось то, что они услышали.

Мухаммад не только проповедовал вечный суд, но и, по сообщению Ибн Исхака, еще в мекканский период впервые предвестил о своем намерении убить неверующих мекканцев. Он сказал им: "Послушаете ли вы меня, о курайшиты? Клянусь тем, кто держит мою жизнь в своей руке, я принесу вам резню".

Позднее, перед тем как Мухаммад бежал в Медину, к нему явилась группа курайшитов и предъявила ему обвинение в том, что он угрожает убить тех, кто отвергнет его: "Мухаммад утверждает, что... если вы не последуете за ним, то будете зарезаны, а когда воскреснете из мертвых, то будете сожжены в адском огне". Мухаммад признал, что это правда, и сказал: "Я действительно так говорю".

Испытав отвержение и преследования в Мекке, мусульманская община под руководством своего пророка Мухаммада решила начать войну против своих противников.

В следующих разделах мы рассмотрим, как Мухаммад обратился к насилию против тех, кто отвергал его и его послание.

От преследования до убийства

Арабское слово *фитна* – испытание, преследование, искушение – имеет решающее значение для понимания метаморфозы Мухаммада в военного лидера. Это слово происходит от глагола *фатана* – отворачиваться, искушать, соблазнять или подвергать испытаниям. Его основное значение – испытание и очистка металла огнем. *Фитна* может относиться как к искушению, так и к испытанию, включая позитивные, и негативные способы убеждения. Она может включать в себя предложение финансовых и других стимулов или применение пыток.

Фитна стала ключевым понятием в теологическом осмыслении опыта ранней мусульманской общины в общении с неверующими. Мухаммад обвинил курайшитов в том, что они использовали *фитну* – включающую в себя оскорбления, клевету, пытки, изгнание, экономическое давление и другие способы воздействия – для того, чтобы заставить мусульман оставить ислам или ослабить его влияние.

В самых ранних стихах Корана, касающихся борьбы, ясно сказано, что вся цель борьбы и убийства заключается в устранении *фитны*:

> Сражайтесь на пути Аллаха с теми, кто сражается против вас, но не преступайте границы дозволенного. Воистину Аллах не любит преступников. Убивайте их, где бы вы их ни встретили, и изгоняйте их оттуда, откуда они вас изгнали. Искушение [*фитна*] хуже, чем убийство.
> .....
> Сражайтесь с ними, пока не исчезнет искушение [*фитна*] и пока религия целиком не будет посвящена Аллаху. Но если они прекратят [прекратят свое неверие и противодействие исламу], то посягать можно только на беззаконников. (С.2:190-93)

Мысль о том, что *фитна* мусульман "хуже убийства", оказалась очень значимой. Эта же фраза прозвучит еще раз после нападения на мекканский караван (С.2:217) в священный месяц (период, в течение которого арабские племенные традиции запрещали совершать набеги). Она подразумевала, по крайней мере, что проливать кровь неверных не так плохо, как сбивать мусульман с пути веры.

Другая важная фраза в этом отрывке из суры 2: "сражайтесь с ними, пока не исчезнет *фитна*". Она также была ниспослана во второй раз, после битвы при Бадре, во время второго года пребывания в Медине (С.8:39).

Эти фразы упоминающие *фитну*, каждая из которых была ниспослана дважды, устанавливают принцип, согласно которому *джихад* оправдывается наличием любых препятствий для принятия ислама или побуждений для мусульман отказаться от своей веры. Как бы не было тяжело сражаться и убивать других, принижение или препятствование исламу было еще хуже.

Мусульманские ученые расширили понятие *фитны*, включив в него даже само существование неверия, так что фразу можно было бы интерпретировать как "неверие хуже убийства".

При таком понимании фраза "*фитна* хуже убийства" стала универсальным мандатом сражаться и убивать всех неверных, отвергающих послание Мухаммада, независимо от того, мешали они мусульманам или нет. Простое "совершение неверия" неверными – как выразился великий комментатор Ибн Касир – было большим злом, чем убийство этих неверных. Это послужило оправданием для ведения войны, чтобы искоренить неверие и сделать ислам доминирующим над всеми другими религиями (С.2:193; С.8:39).

"Мы - жертвы!"

В этих отрывках Корана Мухаммад подчеркивал, что мусульмане являются жертвами. Чтобы борьба и завоевания выглядели праведными, он утверждал, что неверные враги виновны и заслуживают нападения. Для оправдания насилия использовался упор на менталитет жертвы мусульман: чем более жестоким наказаниям подвергали мусульмане своих врагов, тем более необходимо было настаивать на том, что они сами заслужили это. После того как Аллах объявил, что страдания мусульман "хуже убийства", для мусульман стало обязательным рассматривать собственную позицию жертвы как большее зло, чем то, что они причиняют своим врагам.

Именно эта теологическая основа, заложенная в Коране и *сунне* Мухаммада, объясняет, почему некоторые мусульмане снова и снова настаивают на том, что их позиция жертвы выше, чем у тех, на кого они напали. Этот менталитет продемонстрировал Ахмад бин Мухаммад, алжирский профессор религиозной политики, в дебатах с доктором Вафой Султан на телеканале "Аль-Джазира". Доктор Султан указала на то, что мусульмане убивали невинных людей. Разъяренный аргументами Вафы Султан, Ахмад бин Мухаммад начал кричать:

> Мы – жертвы! ... Среди нас [мусульман] миллионы невинных людей, в то время как среди вас невинных... всего лишь десятки, сотни или тысячи, не более.

Этот менталитет жертвы и по сей день преследует многие мусульманские общины, ослабляя их способность брать на себя ответственность за собственные поступки.

Возмездие

По мере того, как военная мощь Мухаммада в Медине росла, и стали приходить победы, его обращение с побежденными врагами многое показало о его мотивах в борьбе. Показателен случай обращения Мухаммада с Укбой, который ранее забросал его верблюжьим навозом и кишками. Укба был захвачен в плен в битве при Бадре и умолял спасти ему жизнь, говоря: "Но кто позаботится о моих детях, о Мухаммад?". Ответ был: "Ад!" После этого Мухаммад приказал убить Укбу. После битвы при Бадре тела мекканцев, убитых в сражении, были брошены в яму, и Мухаммад посреди ночи отправился к яме, чтобы поглумиться над мекканскими мертвецами.

Подобные инциденты показывают, что Мухаммад стремился утвердить себя, мстя тем, кто его отвергал. Он настаивал на том, чтобы последнее слово оставалось за ним, даже перед мертвыми.

Те, кто отвергал Мухаммада, попадали в его список подлежащих убийству. Завоевав Мекку, Мухаммад не рекомендовал убивать. Однако был составлен небольшой список людей, которых убить следовало. В этот список входили три вероотступника, мужчина и женщина, оскорбившие Мухаммада в Мекке, и две девушки-рабыни, которые пели о нем сатирические песни.

Мекканский список подлежащих убийству отражает отвращение Мухаммада к тому, что его отвергли. Продолжение существования вероотступников было формой *фитны*, поскольку, пока они жили, они были доказательством того, что ислам можно оставить, а те, кто насмехался или оскорблял Мухаммада, были опасны, поскольку могли подорвать веру других.

Последствия для немусульман

Корень отвержения неверующих в исламском праве кроется в эмоциональном мировоззрении Мухаммада и его собственной реакции на неприятие.

Изначально Мухаммад направил свою вражду на своих соплеменников, арабов-язычников. В отношении Мухаммада к арабам-язычникам можно проследить следующую тенденцию: чувство обиды за испытания, которые они обрушивали на мусульман, используется для обоснования идеи о том, что само существование неверия представляет собой *фитну*. Та же тенденция прослеживается и в отношениях Мухаммада с Людьми Писания. Отвергнув ислам, они навсегда стали считаться виновными, заслуживающими того чтобы над ними господствовали и обращались как с низшими.

Перед завоеванием Мекки Мухаммаду было видение, в котором он совершал паломничество в Мекку. В то время это было невозможно, так как мусульмане находились в состоянии войны с мекканцами. После видения Мухаммад заключил Худайбийский договор, который позволил ему совершить паломничество. Договор был рассчитан на десять лет, и одним из его условий было то, что Мухаммад вернет мекканцам всех, кто перешел к нему без разрешения своего опекуна. Сюда входили рабы и женщины. Договор также разрешал людям с обеих сторон вступать в союзы друг с другом.

Мухаммад не выполнил свою часть договора: когда к нему из Мекки приходили люди, чтобы вернуть своих жен или рабов, он отказывался возвращать беглецов, ссылаясь на авторитет Аллаха. В первом случае речь шла о женщине Умм Кулсум, братья которой пришли за ней. Мухаммад отказался, поскольку, по словам Ибн Исхака, "Аллах запретил это" (см. также С.60:10).

Сура 60 предписывает мусульманам не брать неверующих в друзья. В ней говорится, что если кто-либо из мусульман втайне любит мекканцев, то он заблудился, поскольку желание неверующих состоит лишь в том, чтобы склонить мусульман к неверию. Вся сура 60 противоречит духу Худайбийского договора, в котором говорилось: "Мы не будем враждовать друг с другом, и не будет тайных оговорок и недобросовестности". Однако позже, когда мусульмане напали на Мекку и завоевали ее, это было оправдано тем, что именно курайшиты нарушили договор.

После этого Аллах объявил, что с идолопоклонниками больше нельзя заключать никаких договоров: "Аллах отрекается от многобожников" и "убивайте многобожников, где бы вы их ни обнаружили" (С.9:3, 5).

Эта последовательность событий иллюстрирует устоявшееся исламское мнение о том, что немусульмане-неверующие по своей природе являются нарушителями договоров, не способными соблюдать их (С.9:7-8). В то же время Мухаммад, по указанию Аллаха, заявил о своем праве нарушать договоры с неверными. Когда Мухаммад, претендуя на власть высшей силы, нарушал свои соглашения, это не считалось неправедным.

Подобные случаи показывают, что Мухаммад, отнеся неверующих к категории тех, кто совращает мусульман с пути веры (то есть тех, кто совершает *фитну*), сделал невозможными нормальные отношения с ними до тех пор, пока они отказываются принять ислам.

В следующих разделах мы рассмотрим, как Мухаммад обратил свое недовольство и агрессию на евреев Аравии, что привело к трагическим последствиям. Взаимодействие Мухаммада с аравийскими евреями легло в основу политики ислама в отношении немусульман, включая систему завета *"зимма"* для Людей Писания, которую мы рассмотрим в одном из следующих глав.

Ранние взгляды Мухаммада на евреев

Поначалу основной интерес Мухаммада к евреям был связан с его утверждением, что он был из длинной пророческой череды, которая включала и многих еврейский пророков. В позднем мекканском и раннем мединском периодах встречаются многочисленные упоминания об иудеях, часто их называют

Людьми Писания. В это время Коран подчеркивает, что, хотя некоторые иудеи были верующими, а некоторые – нет, послание Мухаммада станет для них благословением (С.98:1-8).

Мухаммад также встречался с некоторыми христианами, и эти контакты были обнадеживающими. Двоюродный брат Хадиджи, христианин Варака назвал Мухаммада пророком. Существует также предание, что во время своих странствий Мухаммад встретил монаха по имени Бахира, который заявил, что Мухаммад – пророк. Возможно, Мухаммад надеялся, что евреи увидят в нем "ясное знамение" от Аллаха (С.98) и положительно отреагируют на его послание. Действительно, Мухаммад говорил, что его учение совпадает с иудейской религией, включая "совершение молитвы" и выплату *закята*[8] (С.98 :5). Он даже велел своим последователям молиться в направлении *аш-Шама* (Сирии), что в толковании означает "в сторону Иерусалима", копируя иудейский обычай.

Когда Мухаммад прибыл в Медину, согласно исламской традиции, он заключил договор между мусульманами и иудеями. Этот договор признавал иудейскую религию – "у иудеев своя религия, а у мусульман своя" - и предписывал иудеям быть верными Мухаммаду.

Оппозиция в Медине

Мухаммад начал излагать свое послание иудейским жителям Медины, но встретил неожиданное сопротивление. Исламская традиция объясняет это завистью. Некоторые из откровений Мухаммада содержали библейские ссылки, и, несомненно, раввины оспаривали этот материал, указывая на противоречия в толкованиях Мухаммада.

Пророк ислама находил вопросы раввинов трудными, и порой ему ниспосылалось больше Корана, чтобы он мог найти на них ответы. Снова и снова, когда Мухаммаду бросали вызов каким-либо вопросом, он превращал это в возможность для самоутверждения, как показывают стихи Корана.

---

8. Один из пяти столпов ислама, *закят* – это ежегодный религиозный налог.

Одной из самых простых стратегий Мухаммада было утверждение, что иудеи – обманщики, которые цитируют подходящие им отрывки и скрывают другие, которые не помогут их делу (С.36:76; С.2:77). Другой ответ Аллаха заключался в том, что иудеи намеренно фальсифицировали свои писания (С.2:75).

Беседы раввинов с Мухаммадом были истолкованы исламской традицией не как подлинный диалог или разумные ответы на претензии Мухаммада, а как *фитна*, попытка уничтожить ислам и веру мусульман.

Враждебное богословие отвергающих

Разочаровывающие беседы Мухаммада с иудеями способствовали росту его враждебности к ним. Если раньше в стихах Корана говорилось, что некоторые иудеи были верующими, то позднее Коран объявил, что весь род иудеев проклят и лишь немногие из них являются истинными верующими (С.4:46).

В Коране утверждается, что в прошлом некоторые евреи за свои грехи были превращены в обезьян и свиней (С.2:65; С.5:60; С.7:166). Аллах также назвал их убийцами пророков (С.4:155; С.5:70). Считалось, что Аллах отказался от отношений с иудеями, нарушившими завет, ожесточив их сердца, поэтому мусульмане всегда могли ожидать, что они будут вероломны (за исключением немногих) (С.5:13). Нарушив свой завет, иудеи были объявлены "находящимися в убытке", оставившими истинное руководство (С.2:27).

В Медине Мухаммад пришел к мнению, что он был послан для исправления ошибок иудеев (С.5:15). В начале мединского периода в откровениях Мухаммада содержалась мысль о том, что иудаизм действителен (С.2:62). Однако этот стих был отменен Сурой 3:85. Мухаммад пришел к выводу, что его приход отменил иудаизм, что ислам, который он принес, является последней религией, а Коран – последним откровением. Все, кто отвергнет это послание, станут "потерпевшими урон" (С.3:85). Иудеи и христиане больше не могли следовать своей старой религии: они должны были признать Мухаммада и стать мусульманами.

В стихах Корана Мухаммад предпринял полномасштабную теологическую атаку на иудаизм. Это было вызвано глубокой обидой Мухаммада на то, что иудеи отвергли его послание. Это была еще одним самоутверждением Мухаммада, подобным тому, к которому он прибегнул в отношении мекканских идолопоклонников. Затем Мухаммад пошел дальше и также принял агрессивные меры.

Отвержение перерастает в насилие

В Медине Мухаммад начал кампанию по запугиванию и, в конечном счете, уничтожению иудеев. Ободренный победой над идолопоклонниками в битве при Бадре, он посетил иудейское племя Кайнука и пригрозил им Божьей местью. Затем он нашел повод осадить иудеев Кайнука и изгнал их из Медины.

Затем Мухаммад начал серию целенаправленных убийств евреев и обратился к своим последователям с приказом: "Убивайте любого еврея, который попадет в вашу власть". Евреям он объявил *аслим таслам*: "Примите ислам, и вы будете в безопасности".

В понимании Мухаммада произошел глубокий сдвиг. Немусульмане имели право на свое имущество и жизнь только в том случае, если они поддерживали и почитали ислам и мусульман. Все остальное было *фитной* и поводом для борьбы с ними.

Задача Мухаммада разобраться с иудеями Медины еще не была выполнена. Следующими под его пристальное внимание попало племя Бану Надир. Все племя Надир обвинили в нарушении завета, поэтому на них напали и после длительной осады изгнали из Медины, оставив их имущество в качестве добычи для мусульман.

После этого Мухаммад осадил последнее оставшееся еврейское племя Бану Курайза по приказу ангела Джабраила. Когда евреи безоговорочно сдались, их мужчин обезглавили на рынке

Медины – по разным данным, от 600 до 900 человек, а еврейских женщин и детей распределили в качестве добычи (то есть рабов) между мусульманами.

Мухаммад еще не до конца покончил с аравийскими евреями. Очистив Медину от их присутствия, он напал на Хайбар. Хайбарская кампания началась с того, что иудеям предложили два варианта: принять ислам или быть убитыми. Однако, когда мусульмане разгромили иудеев Хайбара, был выработан третий вариант: условная капитуляция. Так евреи Хайбара стали первыми *зимми* (см. главу 6).

На этом мы завершаем обсуждение взаимоотношений Мухаммада с иудеями.

Важно отметить, что поскольку в Коране христиане и иудеи рассматриваются как представители одной категории, известной как Люди Писания, отношение к иудеям в Коране и при жизни Мухаммада, как к Людям Писания, стало образцом для обращения с христианами на протяжении веков.

Три реакции Мухаммада на отвержение

В истории пророческой карьеры Мухаммада мы видели, как он переживал отвержение во многих отношениях: в семье, в общине в Мекке, и у иудеев в Медине.

Мы также рассмотрели то, как он реагировал на отвержение. На ранних этапах Мухаммад демонстрировал *реакцию самоотрицания*, включая суицидальные мысли, страх, что он одержим, и отчаяние.

Была и *самооправдывающая реакция, как бы в* противовес страху отвержения.[9] К ней относятся утверждения о том, что Аллах накажет своих врагов в аду; заявления о том, что все пророки когда-то были сбиты с пути сатаной, и стихи, ниспосланные Аллахом, в которых говорится, что те, кто

---

9. Об отказе и реакции на него см. в книге Noel and Phyl Gibson, *Evicting Demonic Squatters and Breaking Bondages*.

следует откровениям Мухаммада, будут победителями в этой и следующей жизни.

Наконец, доминирующей стала *агрессивная реакция*. Это привело к появлению доктрины *джихада,* направленной на устранение *фитны* путем борьбы с немусульманами и их завоевание.

В своей реакции Мухаммад прошел через самоотрицание, затем через самоутверждение и, наконец, через агрессию. Мухаммад-сирота превратился в Мухаммада – создателя сирот. Сомневающийся в себе, помышлявший о самоубийстве из-за страха, что его мучают демоны, стал тем, кто отвергает других, навязывая свое вероучение через вооруженную борьбу, чтобы вытеснить и в конечном итоге заменить все другие верования.

В эмоциональном мировоззрении Мухаммада поражение и унижение неверных "исцеляло" чувства его последователей и утишало их гнев. Этот целительный "исламский мир", завоеванный в битве, описан в Коране:

> Сражайтесь с ними. Аллах накажет их вашими руками, опозорит их и одарит вас победой над ними. Он исцелит груди верующих людей и удалит гнев из их сердец. Аллах прощает, кого пожелает, ибо Он – Знающий, Мудрый. (С.9:14-15)

Поначалу Мухаммад и его последователи действительно подвергались преследованиям со стороны мекканских многобожников. Однако, придя к власти в Медине, Мухаммад стал рассматривать даже неверие в его пророчество как преследование мусульман и разрешил использовать насилие для борьбы с неверующими и насмешниками – идолопоклонниками, иудеями или христианами – чтобы заставить их замолчать и запугать, чтобы они подчинились. Мухаммад разработал идеологическую и военную программу, направленную на искоренение всех форм неприятия его самого, его религии и его общины. Позже он утверждал, что успех его программы подтвердил и оправдал его пророчество.

В то же время Мухаммад все больше и больше контролировал своих последователей, мусульман. Если раньше в Мекке Коран объявлял Мухаммад только "лишь предостерегающий увещеватель", то после переселения в Медину он стал военачальником верующих, регулируя их жизнь до такой степени, что Коран заявляет, что если "Аллах и посланник" решили вопрос, то верующим ничего не остается, как беспрекословно подчиниться (С.33:36), а путь к повиновению Аллаху лежит через повиновение посланнику (С.4:80).

Средства контроля, введенные Мухаммадом в мединский период, продолжают травмировать многих мусульман и сегодня посредством *шариата*. Одним из примеров является закон *шариата,* введенный Мухаммадом, согласно которому если мужчина разводится со своей женой, трижды сказав "Я развожусь с тобой", но после этого пара снова захочет сойтись, женщина должна будет сначала выйти замуж за другого мужчину, заняться с ним сексом и получить развод от своего второго мужа, прежде чем она сможет снова выйти замуж за своего первого мужа. Это правило причинило много горя мусульманским женщинам.

Коран показывает нам ход пророческой карьеры Мухаммада: это его собственный, сугубо личный документ, запись его растущего чувства враждебности и агрессии перед лицом отказа и его растущего желания контролировать жизнь других. Характеристики, которые впоследствии стали навязываться немусульманам, такие как молчание, чувство вины и благодарность, появились в результате эволюции реакции самого Мухаммада на отказ. Теперь он силой подвергал неудачам и отвержению всех, кто отказывался заявить: "Я верю, что нет бога, кроме Аллаха, и Мухаммад – его пророк".

На этом мы завершаем обзор того как Мухаммад переживал и реагировал на отвержение, как полученное, так и навязанное другими, а также его самооправдывающего стремления к успеху над своими врагами.

"Лучший пример"

В этой главе мы узнали о некоторых ключевых характеристиках Мухаммада. Хотя в исламе он считается лучшим примером для подражания человечеству, мы увидели, что на него повлияло и даже сильно повредило отвержение. Его реакция включала в себя самоотрицание, самоутверждение, контроль и агрессию. Эти реакции на отвержение были пагубны для него и продолжают быть пагубными для многих других людей по сей день.

Личная история Мухаммада важна, потому что его личные проблемы стали мировыми проблемами посредством *шариата* и его мировоззрения. Таким образом, мусульманин духовно связан с характером и примером Мухаммада. Эта связь утверждается через ритуал произнесения *шахады*, и она укрепляется через ритуалы ислама всякий раз, когда произносится *шахада*. Первые слова, которые слышит мусульманский ребенок после своего рождения – это декларация *шахады*, произнесенная ему в уши.

Шахада провозглашает, что Мухаммад – посланник Аллаха, что является подтверждением того, что Коран это слово Аллаха, ниспосланное Мухаммаду как посланнику Аллаха. Подтверждение *шахады* означает согласие с тем, что Коран говорит о Мухаммаде, включая обязательство следовать его примеру, принятие угроз и проклятий, которые Мухаммад произносит в адрес тех, кто не следует за ним, и обязанность противостоять и даже бороться с теми, кто отвергает его послание и отказывается следовать за ним.

По сути, *шахада* – это заявление миру духов, властям и силам тьмы мира сего (Ефесянам 6:12) о том, что верующий связан заветом следовать примеру Мухаммада: у него есть "душевная связь" с Мухаммадом (см. главу 7). Это устанавливает духовную связь с Мухаммадом. Эта связь дает разрешение властям и силам навязывать верующим мусульманам те же моральные и духовные проблемы, которые бросили вызов Мухаммаду и сковывали его, и которые вошли в исламский *шариат* и укрепились в нем, глубоко проникнув в культуру исламских обществ.

Мы обсудили лишь некоторые из многочисленных негативных аспектов *сунны* Мухаммада, которые повторяются в жизни многих мусульман под влиянием *шахады* и *шариата*. Вот список некоторых негативных характеристик, иллюстрирующие пример и учение Мухаммада:

- Насилие и война
- убийство
- рабство
- возмездие и месть
- ненависть
- ненависть к женщинам
- ненависть к евреям
- насилие
- стыд и посрамление других
- запугивание
- обман
- обидчивость
- менталитет жертвы
- самообвинение
- чувство превосходства
- искаженное представление о Боге
- доминирование над другими
- изнасилование

Когда мусульмане произносят *шахаду*, *они*, по сути, подтверждают утверждения Корана и *Сунны* о Христе и Библии. К ним относятся:

- отрицание смерти Христа на кресте
- ненависть ко кресту
- отрицание того, что Иисус – Сын Божий (и проклятие тех, кто в это верит)
- обвинения в том, что евреи и христиане исказили свои писания

- утверждение, что Иисус вернется, чтобы уничтожить христианство и заставить весь мир подчиниться *шариату* Мухаммада

Эти атрибуты – поистине тяжкое бремя. Одна из проблем, с которой сталкиваются те, кто оставляет ислам и следует за Иисусом Христом, заключается в том, что, если с этими качествами не бороться решительно, они будут продолжать закрепляться в душах людей. Это одна из причин, почему мусульмане, обратившиеся к Христу, могут испытывать трудности и проблемы в своем христианском пути.

Если от статуса Мухаммада как посланника явно не отречься, то проклятия и угрозы Корана, а также отрицание Мухаммадом смерти и господства Христа, могут стать причиной духовной нестабильности, привести к тому, что человека можно будет легко запугать, к уязвимости и к отсутствию уверенности в себе как в последователе Иисуса. Это может нанести серьезный ущерб ученичеству.

Поэтому, когда кто-то оставляет ислам, ему рекомендуется специально отвергнуть и отречься от примера и учения Мухаммада, а также от Корана, его наследия и всех проклятий, подразумеваемых *шахадой*. Как это сделать, мы узнаем в следующей главе, рассмотрев жизнь Иисуса Христа и его крест, а также предложив ключи для освобождения от примера Мухаммада.

5
Свобода от Шахады

"Итак кто во Христе, тот новое творение".
2 Коринфянам 5:17

В следующих разделах мы рассмотрим, как Иисус реагировал на перенесенное отвержение. Жизнь Иисуса, так же как и жизнь Мухаммада – это история отвержения, которая достигает своей кульминации на кресте. Мухаммад отвечал на преследования возмездием. Реакция Христа была совершенно иной, и это дает ключ к свободе от ислама.

Тяжелое начало

Как и у Мухаммада, семейные обстоятельства Иисуса были далеки от идеальных. При рождении на нем висел позор незаконнорожденности (Матфея 1:18-25). Он родился в скромных условиях, в хлеву (Луки 2:7). После рождения царь Ирод пытался убить Его. Тогда он стал беженцем и бежал в Египет (Матфея 2:13-18).

Иисус подвергается сомнению

Когда Иисус начал свое служение учителя, примерно в возрасте тридцати лет, он столкнулся с большим противодействием. Как и в случае с Мухаммадом, иудейские религиозные лидеры задавали Иисусу вопросы, призванные оспорить и подорвать его авторитет:

> ...книжники и фарисеи начали сильно приступать к Нему, вынуждая у Него ответы на многое, подыскиваясь под Него

и стараясь уловить что-нибудь из уст Его, чтобы обвинить Его. (Луки 11:53-54)

Эти вопросы касались следующих тем:

- Почему Иисус помогал людям в субботу: этот вопрос был задан, чтобы показать, что Он нарушает закон (Марка 3:2; Матфея 12:10)
- какой властью он обладал, чтобы делать то, что делал (Марка 11:28; Матфея 21:23; Луки 20:2)
- законно ли разводиться с женой (Марка 10:2; Матфея 19:3)
- законно ли платить налоги кесарю (Марка 12:15; Матфея 22:17; Луки 20:22)
- какая заповедь является наибольшей (Матфея 22:36)
- чьим сыном является Мессия (Матфея 22:42)
- Отцовство Иисуса (Иоанна 8:19)
- воскресение (Матфея 22:23-28; Луки 20:27-33)
- просьбы совершить знамения (Марка 8:11; Матфея 12:38; 16:1).

Помимо вопросов, Иисуса обвиняли в том, что Он:

- одержим, "имеет в Себе вельзевула" и творит чудеса силой сатаны (Марка 3:22; Матфея 12:24; Иоанна 8:52; 10:20)
- имеет учеников, которые не соблюдают субботу (Матфея 12:2) или ритуалы чистоты (Марка 7:2; Матфея 15:1-2; Луки 11:38)
- не имеет истинного свидетельства (Иоанна 8:13).

Отвергающие

Рассматривая жизнь и учение Иисуса, мы видим, что Он испытывал отвержение со стороны многих людей и групп:

- Царь Ирод пытался убить Его, когда Он был еще младенцем (Матфея 2:16).

- Жители его родной деревни в Назарете оскорбились (Марка 6:3; Матфея 13:53-58) и пытались сбросить его со скалы, чтобы убить (Луки 4:28-30).
- Члены его семьи обвиняли его в том, что он не в своем уме (Марка 3:21).
- Многие из его последователей покинули его (Иоанна 6:66).
- Толпа пыталась побить Его камнями (Иоанна 10:31).
- Религиозные лидеры замышляли убить Его (Иоанна 11:50).
- Его предал Иуда, один из его ближайшего окружения (Марка 14:43-45; Матфея 26:14-16; Луки 22:1-6; Иоанна 18:2-3).
- От него трижды отрекался Петр, его главный ученик (Марка 14:66-72; Матфея 26:69-75; Луки 22:54-62; Иоанна 18).
- Его распятия требовала толпа в Иерусалиме, городе, который всего несколькими днями ранее приветствовал его с радостными восклицаниями как вероятного Мессию (Марка 15:12-15; Луки 23:18-23; Иоанна 19:15).
- Его били, оплевывали и высмеивали религиозные лидеры (Марка 14:65; Матфея 26:67-68).
- Над ним насмехались и издевались стражники и римские солдаты (Марка 15:16-20; Матфея 27:27-31; Луки 22:63-65, 23:11).
- Он был ложно обвинен перед иудейским и римским трибуналами и приговорен к смерти (Марка 14:53-65; Матфея 26:57-67; Иоанна 18:28 и далее).
- Он был распят – самый унизительный способ казни, доступный римлянам, который рассматривался евреями как наказание, навлекающее Божье проклятие (Второзаконие 21:23).
- Распятый между двумя разбойниками, Иисус подвергался поношениям во время предсмертных мук на кресте

(Марка 15:21-32; Матфея 27:32-44; Луки 23:32-36; Иоанна 19:23-30).

Реакция Иисуса на отвержение

Когда мы рассматриваем все эти отвержения, мы не видим, чтобы Иисус проявлял агрессию или насилие в ответ. Он не ищет мести.

Иногда Иисус просто не отвечал на обвинения в свой адрес. Наиболее яркий пример – когда Его обвиняли перед распятием (Матфея 27:14). Ранняя церковь считала это исполнением мессианского пророчества:

> Он истязуем был, но страдал добровольно и не открывал уст Своих; как овца, веден был Он на заклание, и как агнец пред стригущим его безгласен, так Он не отверзал уст Своих. (Исаия 53:7)

Иногда, когда ему предлагали доказать свою правоту, Иисус отказывался это сделать, предпочитая вместо этого задать вопрос (например, Матфея 21:24; 22:15-20).

Иисус не затевал ссор, но при этом много раз люди пытались вступить с Ним в конфликт:

> Не воспрекословит, не возопиет, и никто не услышит на улицах голоса Его; трости надломленной не преломит, и льна курящегося не угасит, доколе не доставит суду победы. (Матфея 12:19-20, цитата из Исаии 42:1-4)

Когда люди пытались побить Иисуса камнями или убить Его, Он просто уходил другое место (Луки 4:30), за исключением событий, приведших к Его распятию, когда Иисус сознательно шёл на смерть.

Суть этой реакции заключается в том, что когда Иисус был искушаем и испытывал отвержение, Он преодолевал искушение и не поддавался негативному влиянию отвержения. Послание к Евреям кратко описывает его реакцию:

> Ибо мы имеем не такого первосвященника, который не может сострадать нам в немощах наших, но Который, подобно нам, искушен во всем, кроме греха. (Евреям 4:15)

В Евангелиях мы видим Иисуса очень спокойным и уверенным в себе. Он не был мстительным: он не чувствовал необходимости нападать или уничтожать тех, кто выступал против него. Иисус не только спокойно реагировал на отвержение; Он также научил Своих учеников теологическим основам ответа на отвержение – отвержению отвержения. Ключевые элементы этого богословия описаны далее в этой главе.

Два рассказа об отвержении

Примечательно, что и Иисус и Мухаммад, основатели двух крупнейших религий мира, пережили тяжелый опыт отвержения. Они испытывали отвержение с рождения и младенчества. Позже отвержение присутствовало в общении с членами семьи и религиозными авторитетами. Обоих обвиняли в том, что они безумны и находятся под контролем злых сил. Обоих высмеивали и поносили. Оба пережили предательство. Обоим угрожали смертью.

Однако эти удивительные сходства омрачаются еще более удивительным различием, оказавшем глубокое влияние на создание этих двух религий. Если история жизни Мухаммада демонстрирует весь спектр негативных реакций на отвержение, свойственных человечеству, включая самоотрицание, самоутверждение и агрессию, то жизнь Иисуса протекала в совершенно ином русле. Он преодолел отвержение, не путем навязывания его другим, а принимая его, и благодаря этому, согласно христианской вере, он преодолел силу отвержения и исцелил боль, которую оно причиняет. Если жизнь Мухаммада содержит ключ к пониманию лишающего свободы духовного наследия *шариата,* то насколько больше жизнь Христа предлагает ключи к свободе и целостности как для людей, покидающих ислам, так и для христиан, живущих в условиях *шариата.*

В следующих разделах мы рассмотрим, как Иисус понимал отвержение в свете Своей миссии Мессии и Спасителя, и как

Его жизнь и Его крест могут избавить нас от горьких последствий отвержения.

Примите отвержение

Иисус ясно дал понять, что быть отвергнутым – неотъемлемая часть Его призвания как Божьего Мессии. Бог планировал использовать отвергнутого в качестве краеугольного камня для всего Своего здания:

> Камень, который отвергли строители, тот самый сделался главою угла. (Марка 12:10, цитирует Псалом 118:22-23; см. также Матфея 21:42)

Иисус был представлен (например, в 1 Петра 2:21 и далее и Деяниях 8:32-35) как отвергнутый, страдающий слуга в книге пророка Исайи, через страдания которого люди обретут мир и спасение от своих грехов:

> Он был презрен и умален перед людьми,
> муж скорбей, и изведавший болезни.
> ...
> Но Он изъязвлен был за грехи наши,
> и мучим за беззакония наши;
> наказание мира нашего было на Нем,
> и ранами Его мы исцелились.
> (Исаия 53:3-5)

Крест был основной частью этого плана, и Иисус неоднократно упоминал о том, что будет предан смерти:

> И начал учить их, что Сыну Человеческому много должно пострадать, быть отвержену старейшинами, первосвященниками и книжниками, и быть убиту, и в третий день воскреснуть. И говорил о сем открыто. (Марка 8:31-32; см. также Марка 10:32-34; Матфея 16:21; 20:17-19; 26:2; Луки 18:31; Иоанна 12:23)

Откажитесь от насилия

Иисус недвусмысленно и неоднократно осуждал применение силы для достижения своих целей, даже когда на карту была поставлена его собственная жизнь:

> Тогда говорит ему Иисус: возврати меч твой в его место, ибо все, взявшие меч, мечом погибнут. (Матфея 26:52)

Идя на крест, Иисус отказывается от применения силы, чтобы оправдать свою миссию, даже ценой своей смерти:

> Иисус отвечал: Царство Мое не от мира сего; если бы от мира сего было Царство Мое, то служители Мои подвизались бы за Меня, чтобы Я не был предан Иудеям; но ныне Царство Мое не отсюда. (Иоанна 18:36)

Когда Иисус говорил о будущих страданиях Церкви, Он упомянул о том, что принесет "меч", когда сказал:

> Не думайте, что Я пришел принести мир на землю. Не мир пришел Я принести, но меч. (Матфея 10:34)

Иногда это приводится в качестве доказательства того, что Иисус оправдывал насилие; однако на самом деле это относится к разделениям, которые могут происходить в семьях, когда христиан отвергают за веру в Христа: в соответствующем отрывке из Евангелия от Луки вместо слова "меч" стоит слово "разделение" (Лк. 12:51). Меч здесь символичен и означает то, что разделяет, отделяет одного члена семьи от другого. Другое возможное толкование, в более широком контексте совета Иисуса о будущих гонениях, заключается в том, что "меч" относится к гонениям на христиан. В данном случае речь идет о мече, поднятом против христиан из-за их свидетельства, а не ими самими против других.

Отказ Иисуса от насилия противоречил общепринятым представлениям о том, что должен сделать Мессия, придя спасти Божий народ. Была надежда, что это спасение будет военным и политическим, также как и духовным. Иисус отверг военный вариант. Он также дал понять, что Его Царство не будет политическим, когда сказал, что оно "не от мира сего". Он учил, что люди должны отдавать кесарю кесарево, а Богу – Божье (Матфея 22:21). Он отрицал, что Царство Божье может быть физическим, потому что оно должно быть внутри людей (Луки 17:21).

Когда его ученики спорили о том, кто займет наиболее высокий политический пост в Царстве Божьем, символизируемый местом их сидения, Иисус сказал им, что Божье Царство не похоже на знакомые им политические царства, где люди властвуют друг над другом. По его словам, чтобы быть первым, нужно быть последним (Матфея 20:16, 27), и его последователи должны стремиться служить, а не тому, чтобы им служили (Марка 10:43; Матфея 20:26-27).

Ранняя церковь принимала близко к сердцу учение Иисуса о насилии. Например, в первые века существования церкви верующим запрещалось заниматься некоторыми профессиями, в том числе и военными, а если христианин все же становился воином, ему запрещалось убивать.

Любите ваших врагов

Одной из разрушительных реакций на отвержение может быть агрессия. Это происходит из-за враждебности, которую может вызвать переживание отвержения. Однако Иисус учил, что:

- возмездие больше не приемлемо – на злые поступки следует отвечать добром, а не злом (Матфея 5:38-42)
- неправильно судить других (Матфея 7:1-5)
- врагов нужно любить, а не ненавидеть (Матфея 5:44)
- кроткие наследуют землю (Матфея 5:5)
- миротворцы будут называться детьми Божьими (Матфея 5:9)

Это учение было не просто словами, которые ученики выслушали, а потом забыли. В своих письмах, сохранившихся в Новом Завете, последователи Иисуса ясно дали понять, что эти принципы руководили ими даже перед лицом тяжелых испытаний и противостояния:

> Даже доныне терпим голод и жажду, и наготу и побои, и скитаемся, и трудимся, работая своими руками. Злословят нас, мы благословляем; гонят нас, мы терпим; хулят нас, мы молим. (1-е Коринфянам 4:11-13; см. также 1-е Петра 3:10; Тит 3:1-2; Римлянам 12:14-21).

Апостолы показывали верующим пример самого Иисуса (1 Петра 2:21-25). Это было настолько влиятельно, что в трудах ранней церкви стих "любите врагов ваших" из Матфея 5:44 стал самым часто цитируемым отрывком Библии.

Приготовьтесь к гонениям

Иисус учил Своих последователей, что гонения неизбежны: их будут бить, ненавидеть, предавать и убивать (Марка 13:9-13; Луки 21:12-19; Матфея 10:17-23).

Обучая своих учеников тому, как нести Его послание другим, он предупреждал их, что они столкнутся с отвержением. Резко контрастируя с примером и учением Мухаммада, который призывал мусульман отвечать на страдания насилием и даже резней, Иисус учил своих учеников просто "отряхивать прах со своих ног, когда уходите". Другими словами, они должны были просто идти дальше, не унося с собой ничего дурного или нечистого (Марка 6:11; Матфея 10:14). Это не было расставанием в горечи, и их мир "возвращался" к ним (Матфея 10:13-14).

Иисус сам показал пример, когда в самаритянской деревне Его отказались принять. Его ученики спросили Его, хочет ли Он, чтобы они призвали огонь с неба на самарян, но Иисус упрекнул Своих учеников и просто пошел дальше (Луки 9:54-56).

Иисус учил Своих учеников, что в случае гонений они должны бежать в другое место (Матфея 10:23). Они не должны беспокоиться, потому что Святой Дух поможет им знать, что говорить (Матфея 10:19-20; Луки 12:11-12, 21:14-15), и не должны бояться (Матфея 10:26, 31).

Отличительной чертой учения Иисуса было то, что Его последователи должны радоваться, когда их будут гнать, потому что они будут отождествлять себя с пророками:

> Блаженны вы, когда возненавидят вас люди и когда отлучат вас, и будут поносить, и пронесут имя ваше, как бесчестное, за Сына Человеческого. Возрадуйтесь в тот день и возвеселитесь, ибо велика вам награда на небесах. Так поступали с пророками отцы их.(Луки 6:22-23; см. также Матфея 5:11-12)

Существует множество свидетельств того, что это послание было искренне принято ранней церковью, как часть их преданности Христу:

> Но если и страдаете за правду, то вы блаженны. (1 Петра 3:14; также 2 Коринфянам 1:5; Филиппийцам 2:17-18; 1 Петра 4:12-14)

Иисус также ободрял Своих учеников надеждой, что вместе с гонениями они получат дар вечной жизни, но чтобы получить это обетование в следующей жизни, они должны оставаться верными в этой жизни (Марка 10:29-30, 13:13).

Примирение

В христианском понимании основной проблемой человечества является грех, который отчуждает людей от Бога и друг от друга. Проблема греха – это не просто проблема непослушания. Это нарушение отношений с Богом. Когда Адам и Ева ослушались Бога, они отвернулись от Него. Они решили не доверять Богу, а послушать змея. Они отвернулись от Бога, отвергнув Его и отказавшись от отношений с Ним. В результате Бог отверг их и исключил из Своего присутствия. Они подверглись проклятиям грехопадения.

В истории Израиля Бог заключил завет через Моисея, чтобы восстановить правильные отношения между Богом и человечеством, но его народ не послушался заповедей и пошел своим путем. В своем непослушании они отвергли отношения с Богом и попали под суд. Но Бог не отверг их окончательно: у Него был план их восстановления. У Него был план их спасения и спасения всего мира.

Хотя люди отвергли Бога, Он не отверг их окончательно. Его сердце тосковало по людям, которых Он создал, и у Него был план их примирения. Воплощение и крест Иисуса Христа – это исполнение этого плана по восстановлению всего человечества в исцеленных отношениях с Богом.

Крест – это ключ к преодолению глубокой проблемы отвержения человеком Бога и связанного с этим осуждения. Покорность Иисуса отвержению через крест дает ключи к преодолению самого отвержения. Сила отвержения заключается в реакции, которую оно вызывает в сердцах людей повсюду. Приняв на себя ненависть нападавших на Него людей и отдав Свою жизнь в жертву за грехи мира, Иисус победил саму силу отвержения, победив ее любовью. Эта любовь, которую проявил Иисус, была не чем иным, как любовью Бога к миру, который Он создал:

> Ибо так возлюбил Бог мир, что отдал Сына Своего Единородного, дабы всякий верующий в Него не погиб, но имел жизнь вечную. (Иоанна 3:16)

Своей смертью на кресте Иисус взял на Себя наказание, которое человечество заслужило за отвержение Бога. Это наказание было смертью, и Христос понес его, чтобы все люди, верующие в Него, обрели прощение и вечную жизнь. Таким образом, Иисус победил силу отвержения, понеся его наказание.

В Торе искуплением греха служило пролитие крови жертвенных животных. Этот символизм применяется христианами для понимания смысла смерти Иисуса на кресте. Это выражено в песне Исаии о страдающем рабе:

> ...наказание мира нашего было на Нем, и ранами Его мы исцелились... Но Господу угодно было поразить Его, и Он предал Его мучению; когда же душа Его принесет жертву умилостивления, Он узрит потомство долговечное... предал душу Свою на смерть, и к злодеям причтен был, тогда как Он понес на Себе грех многих и за преступников сделался ходатаем. (Исаия 53:5, 10, 12)

В важном отрывке из Послания к Римлянам Павел объясняет, как жертва Христа положила конец отвержению, даровав нам его противоположность – примирение:

> Ибо если, будучи врагами, мы примирились с Богом смертью Сына Его, то тем более, примирившись, спасемся жизнью Его. И не довольно сего, но и хвалимся Богом чрез

Господа нашего Иисуса Христа, посредством Которого мы получили ныне примирение. (Римлянам 5:10-11)

Это примирение также преодолевает все права на осуждение, которые могут быть выдвинуты третьими лицами, включая людей, ангелов или демонов (Римлянам 8:38):

> Кто будет обвинять избранных Божиих? Бог оправдывает их... [Ничто] не может отлучить нас от любви Божией во Христе Иисусе, Господе нашем. (Римлянам 8:33, 39)

Но не только это, христианам также доверено служение примирения, как через примирение с другими, так и через провозглашение вести о кресте и его силе уничтожить отвержение:

> Все же от Бога, Иисусом Христом примирившего нас с Собою и давшего нам служение примирения, потому что Бог во Христе примирил с Собою мир, не вменяя людям преступлений их, и дал нам слово примирения. Итак, мы – посланники от имени Христова, и как бы Сам Бог увещевает через нас. (2 Коринфянам 5:18-20)

Воскресение

Одной из постоянных тем "откровений" Мухаммада и его многочисленных высказываний было желание оправдаться или самоутвердиться. Он добивался этого, заставляя своих врагов подчиниться его вероучению, так что они оказывались под его руководством и властью, или же принуждая их к принятию статуса *зимми*. Третьей альтернативой была смерть.

В христианском понимании миссии Христа есть оправдание, но оно достигается Христом не для себя. Роль страдающего Мессии заключалась в том, чтобы смирить Себя, приняв отвержение. Оправдание пришло через воскресение и вознесение Христа, через которое смерть и вся ее сила были побеждены:

> ...не оставлена душа Его в аде, и плоть Его не видела тления. Сего Иисуса Бог воскресил, чему все мы свидетели. Итак, он, быв вознесен десницею Божиею и приняв от Отца обетование Святого Духа, излил то, что вы ныне видите и

слышите... Бог соделал Господом и Христом Сего Иисуса... (Деяния 2:31-36)

Знаменитый отрывок из послания Павла к Филиппийцам описывает, как Иисус "смирил Себя", добровольно приняв роль раба. Его послушание простиралось даже до смерти. Но Бог возвысил Его до духовного положения высшей власти. Эта победа была одержана не благодаря собственным усилиям Христа, а благодаря тому, что Бог оправдал лучшую жертву Христа на кресте:

> ...Ибо в вас должны быть те же чувствования, какие и во Христе Иисусе: Он, будучи образом Божиим, не почитал хищением быть равным Богу; но уничижил Себя Самого, приняв образ раба, сделавшись подобным человекам и по виду став как человек; смирил Себя, быв послушным даже до смерти и смерти крестной. Посему и Бог превознес Его и дал Ему имя выше всякого имени, дабы пред именем Иисуса преклонилось всякое колено... (Филиппийцам 2:5-10)

Ученичество креста

Для христиан следовать за Христом означает отождествлять себя с Его смертью и воскресением. И Иисус, и его последователи неоднократно говорят о необходимости "умереть" со Христом, то есть предать смерти старый образ жизни, и возродиться, воскреснуть к новой жизни в соответствии с Христовым путем любви и примирения, живя не для себя, а для Бога. Христиане рассматривают опыт страданий как способ разделить страдания Христа. Это определяет смысл испытаний, через которые они проходят, как путь к вечной жизни и как знак будущей победы, а не поражения. Именно Бог отомстит за верных верующих, а не жестокие силы этого мира:

> Кто хочет идти за Мною, отвергнись себя, и возьми крест свой, и следуй за Мною. Ибо кто хочет душу свою сберечь, тот потеряет ее, а кто потеряет душу свою ради Меня и Евангелия, тот сбережет ее. (Марка 8:34-35; см. также 1-е Иоанна 3:14, 16; 2-е Коринфянам 5:14-15; Евреям 12:1-2)

Мухаммад против креста

В свете всего, что мы узнали, и осознавая, что мы живем в духовном мире, мы не должны удивляться, узнав, что Мухаммад ненавидел кресты. В одном из *хадисов сообщается*, что если Мухаммад находил в своем доме предмет со знаком креста, он уничтожал его.[10]

Как мы видели в третьей главе, ненависть Мухаммада ко кресту доходила даже до учения о том, что Иса, исламский Иисус, вернется на землю в качестве пророка ислама, разрушающего крест, чтобы стереть христианство с лица земли.

Сегодня враждебность Мухаммада ко кресту разделяют многие мусульмане. Во многих частях света христианские кресты ненавидят, запрещают и уничтожают мусульмане.

Это даже привело к тому, что архиепископ Кентерберийский Джордж Кери был вынужден согласиться снять крест с шеи, когда его самолету пришлось сделать вынужденную посадку в Саудовской Аравии в 1995 году. Об этом инциденте рассказал Дэвид Скидмор в Епископальной службе новостей:

> Рейс Кери, вылетевший из Каира в Судан, был вынужден сделать промежуточную остановку в Саудовской Аравии. На подлете к прибрежному городу Джидда (Саудовская Аравия), расположенному на берегу Красного моря, Кери было велено снять все религиозные знаки отличия, включая духовный воротник и наперсный крест.

И хотя крест отвергается мусульманами, для христиан он означает нашу свободу.

В этом разделе мы рассмотрим молитву о принятии решения следовать за Иисусом Христом, несколько свидетельств о свободе, а также молитву об освобождении от власти ислама и завета *шахады*. Эти молитвы предназначены как для тех, кто решил оставить ислам и последовать за Иисусом из Назарета,

---

10. W. Muir, *the Life of Muhammad*, vol.3, p.61, note 47

так и для тех, кто уже решил следовать за Иисусом и хочет заявить о своей свободе от всех принципов и власти ислама.

Следуйте за Иисусом

Вам предлагается подтвердить свое обязательство следовать за Христом, прочитав эту молитву вслух. Перед чтением внимательно изучите ее, чтобы быть уверенным в том, что вы говорите.

Изучая эту молитву, обратите внимание на то, что она включает в себя следующие элементы:

1. *Два признания*:
    - Я грешник и не могу спасти себя сам.
    - Есть только один Бог, Творец, Который послал Своего Сына Иисуса умереть за мои грехи.
2. *Разворот* (покаяние) от своих грехов и от всего дурного.
3. *Просьбы* о прощении, свободе, вечной жизни и Святом Духе.
4. *Передача власти* Христу как Господу моей жизни.
5. *Обещание* и **посвящение** моей жизни подчинению и служению Христу**.**
6. **Провозглашение** моей идентичности во Христе.

Провозглашение и молитва о принятии решения следовать за Иисусом Христом

Я верю в единого Бога, творца, всемогущего Отца.

Я отрекаюсь от всех других так называемых "богов".

Я признаю, что согрешил против Бога и против других людей. В этом я ослушался Бога и восстал против Него и Его законов.

Я не могу спастись от своих грехов.

Я верю, что Иисус – Христос, воскресший Сын Божий. Он умер на кресте вместо меня и взял на Себя осуждение за мои грехи. Он воскрес из мертвых ради меня.

Я отвращаюсь от своих грехов.

Я прошу у Христа дар прощения, завоеванного на кресте.

Я принимаю этот дар прощения сейчас.

Я выбираю принять Бога как своего Отца и хочу принадлежать Ему.

Я ищу дар вечной жизни.

Я передаю права на свою жизнь Христу и приглашаю Его быть Господом моей жизни с этого дня.

Я отказываюсь от любой другой духовной преданности. В частности, я отказываюсь от шахады и всех ее притязаний на меня.

Я отвергаю сатану и все зло. Я разрываю все нечестивые соглашения, которые я заключил со злыми духами или принципами зла.

Я отказываюсь от всех нечестивых связей с теми, кто имел надо мной нечестивую власть.

Я отказываюсь от всех нечестивых заветов, заключенных моими предками от моего имени, которые каким-либо образом повлияли на меня.

Я отказываюсь от всех экстрасенсорных или духовных способностей, которые не исходят от Бога через Иисуса Христа.

Я прошу о даре обещанного Святого Духа.

Бог Отец, пожалуйста, освободи и преобрази меня, чтобы я мог принести славу Тебе и только Тебе.

Высвободи во мне плод Святого Духа, чтобы я мог чтить Тебя и любить других.

Я заявляю перед свидетелями и перед всеми духовными властями, что посвящаю и связываю себя с Богом через Иисуса Христа.

Я заявляю, что являюсь гражданином небес. Бог – мой защитник. С помощью Святого Духа я выбираю подчиниться Иисусу Христу и только Ему одному как Господу и следовать за Ним все свои дни.

Аминь.

Свидетельства свободы

Вот несколько свидетельств людей, получивших свободу благодаря молитвам из этой главы.

Курс ученичества

Одно из служений в Северной Америке проводило регулярный интенсивный тренинг для людей мусульманского происхождения, принявших Христа как Господа и Спасителя. Координаторы курса обнаружили, что участники испытывают множество постоянных трудностей с ученичеством. Они узнали, что в этой книге есть молитвы об отречении от *шахады*, и решили предложить всем участникам курса вместе отречься от ислама с помощью этих молитв. Это предложение принесло им радость и облегчение. Они спрашивали: "Почему никто не объяснил нам, что мы должны отречься от ислама? Мы должны были сделать это уже давно!". После этого, отказ от ислама стал неотъемлемой частью их учебного курса.

Ближневосточные христиане, отрекшиеся от шахады

Вот два свидетельства новообращенных мусульман на Ближнем Востоке после того, как они отреклись от *шахады*:

> Я чувствую себя по-настоящему свободным, как будто ярмо, которое находилось на моей шее, ослаблено и сокрушено. Эта молитва прекрасна. Раньше я чувствовал себя зверем, запертым в клетке, но теперь я свободен.

> Я очень нуждался в этом, и вы как будто знали, что происходит в моих мыслях... Когда я произносила молитву снова и снова, я чувствовала странное спокойствие, которое не передать словами; как будто с меня сняли тяжелое бремя, и я полностью освободилась. Какое освобождающее чувство!

Встреча с истиной

Первым шагом в подготовке к отречению от *шахады* (или *зиммы*) является рассмотрение некоторых стихов Священного Писания. Мы делаем это, чтобы утвердить важную истину, которая лежит в основе наших молитв. Это можно назвать "встречей с истиной".

Какой истине из Писания эти стихи из 1-го послания Иоанна и Евангелия от Иоанна учат нас доверять и молиться о ней?

> И мы познали любовь, которую имеет к нам Бог, и уверовали в нее. Бог есть любовь, и пребывающий в любви пребывает в Боге, и Бог в нем. (1 Иоанна 4:16)

> [Иисус сказал: Ибо так возлюбил Бог мир, что отдал Сына Своего единородного, дабы всякий, верующий в Него, не погиб, но имел жизнь вечную. (Иоанна 3:16)

Они учат нас тому, что Божья любовь преодолевает отвержение.

Какую божественную истину следующие два стиха учат нас принимать и о чем молиться?

> Ибо дал нам Бог духа не боязни, но силы и любви и целомудрия. (2 Тимофею 1:7)

> Потому что вы не приняли духа рабства, чтобы опять жить в страхе, но приняли Духа усыновления, Которым взываем: "Авва, Отче!". Сей самый Дух свидетельствует духу нашему, что мы - дети Божии. А если дети, то и наследники, наследники Божии, сонаследники же Христу, если только с Ним страдаем, чтобы с Ним и прославиться. (Римлянам 8:15-17)

Они учат нас, что наше наследство не в запугивании: оно в Боге.

Какой истине следующие два стиха учат нас верить и о чем молиться?

> [Иисус сказал:] И познаете истину, и истина сделает вас свободными". (Иоанна 8:32)

> Итак, стойте в свободе, которую даровал нам Христос, и не подвергайтесь опять игу рабства. (Галатам 5:1)

Они учат нас тому, что мы призваны жить в свободе.

Какой истине эти два стиха учат нас доверять и о чем молиться?

> Не знаете ли, что тела ваши суть храм живущего в вас Святого Духа, Которого имеете вы от Бога, и вы не свои? Ибо вы куплены дорогою ценою. Посему прославляйте Бога и в телах ваших… (1-е Коринфянам 6:19-20)

> Они победили его кровию Агнца… (Откровение 12:11)

Они учат нас тому, что наши тела принадлежат Богу, а не угнетателям: цена за это уже уплачена.

Какую библейскую истину этот стих учит нас утверждать и о чем молиться?

> Нет уже Иудея, ни язычника; нет раба, ни свободного; нет мужеского пола, ни женского: ибо все вы одно во Христе Иисусе. (Галатам 3:28)

Он учит нас, что мужчины и женщины равны перед Богом, и одна группа не превосходит другую.

Какой божественной истине учат нас верить и о чем молиться эти три отрывка?

> Но благодарение Богу, Который всегда дает нам торжествовать во Христе и благоухание познания о Себе распространяет нами во всяком месте. Ибо мы – Христово благоухание Богу в спасаемых и погибающих. (2 Коринфянам 2:14-15)

> И славу, которую Ты дал Мне, Я дал им: да будут едино, как Мы едино. Я в них, и Ты во Мне; да будут совершены воедино, и да познает мир, что Ты послал Меня и возлюбил их, как возлюбил меня. (Иоанна 17:22-23).

> [Иисус сказал:] Если кто хочет идти за Мною, отвергнись себя, и возьми крест свой, и следую за Мною. (Луки 9:23).

Они учат нас, что наши отличительные черты – это не унижение или неполноценность, а победа Христа, единство в любви Христа, и крест.

Какую истину из Писания эти стихи учат нас принимать и о чем молиться?

> [Иисус сказал:] лучше для вас, чтобы Я пошел, ибо, если Я не пойду, Утешитель не приидет к вам; а если пойду, то пошлю Его к вам, и Он, придя, обличит мир о грехе и о правде и о суде… (Иоанна 16:7-8)

> [Иисус сказал:] Когда же приидет Он, Дух истины, то наставит вас на всякую истину… (Иоанна 16:13)

Они учат нас, что у нас есть сила Святого Духа, чтобы открывать истину.

В какую истину этот стих учит нас верить и о чем молиться?

> Взирая на начальника и совершителя веры Иисуса, Который, вместо предлежавшей Ему радости, претерпел крест, пренебрегши посрамление, и воссел одесную престола Божия. (Евреям 12:2)

Она учит нас, что мы имеем власть следовать за Христом в преодолении стыда.

Какой божественной истине учит нас доверять и о чем молиться этот стих?

> Только берегись и тщательно храни душу твою, чтобы тебе не забыть тех дел, которые видели глаза твои, и чтобы они не выходили из сердца твоего во все дни жизни твоей; и поведай о них сынам твоим и сынам сынов твоих. (Второзаконие 4:9)

Он учит нас, что мы имеем право и обязаны просвещать себя и своих детей в духовных вопросах.

Какую истину из Писания эти стихи учат нас принимать и о чем молиться?

> Смерть и жизнь – во власти языка, и любящие его вкусят от плодов его. (Притчи 18:21)

И ныне, Господи, воззри на угрозы их, и дай рабам Твоим со всею смелостью говорить слово Твое. (Деяния 4:29)

Любовь не радуется неправде, а сорадуется истине. (1-е Коринфянам 13:6)

Кто исповедует, что Иисус есть Сын Божий, в том пребывает Бог, и он в Боге. (1 Иоанна 4:15)

Итак не оставляйте упования вашего, которому предстоит великое воздаяние. (Евреям 10:35)

Они учат нас, что у нас есть власть во Христе говорить истину в любви и с дерзновением.

В какую библейскую истину эти стихи учат нас верить и о чем молиться?

…свидетельство Божие – больше, ибо это есть свидетельство Божие, которым Бог свидетельствовал о Сыне Своем. (1 Иоанна 5:9)

Они победили… словом свидетельства своего. (Откровение 12:11)

Они учат нас тому, что мы можем полностью доверять слову истины.

Какую божественную истину эти стихи учат нас утверждать и о чем молиться?

Наконец, братия мои, укрепляйтесь Господом и могуществом силы Его. Облекитесь во всеоружие Божие, чтобы вам можно было стать против козней диавольских. (Ефесянам 6:10-11)

Ибо мы, ходя во плоти, не по плоти воинствуем. Оружия воинствования нашего не плотские, но сильные Богом на разрушение твердынь: ими ниспровергаем замыслы и всякое превозношение, восстающее против познания Божия, и пленяем всякое помышление в послушание Христу. (2 Коринфянам 10:3-5)

Они учат нас тому, что мы не беззащитны и не безоружны, но духовно вооружены во Христе.

На что этот стих учит нас уповать и о чем молиться?

> С великою радостью принимайте, братия мои, когда впадаете в различные искушения... (Иакова 1:2; см. также Филиппийцам 1:29)

Он учит нас, что мы должны считать радостью страдания во имя Христа.

Какую истину из Писания эти стихи учат нас принимать и о чем молиться?

> [Иисус сказал:] ...Ныне князь мира сего изгнан будет вон. И когда Я вознесён буду от земли, всех привлеку к Себе. (Иоанна 12:31-32)

Они учат нас тому, что крест разрушает власть сатаны и привлекает нас к свободе во Христе.

Какую библейскую истину эти стихи учат нас утверждать и о чем молиться?

> И вас, которые были мертвы во грехах и в необрезании плоти вашей, оживил вместе с Ним, простив нам все грехи, истребив учением бывшее о нас рукописание, которое было против нас, и Он взял его от среды и пригвоздил ко кресту; отняв силы у начальств и властей, властно подверг их позору, восторжествовав над ними Собою. (Колоссянам 2:13-15)

Они учат нас, что крест отменяет нечестивые заветы и уничтожает всю их силу.

Прежде чем молиться, мы должны понять, что наши молитвы и утверждения имеют власть и являются действенными. Согласитесь с Богом в том, что Его воля – привести вас к полной свободе. Согласитесь в своем духе принять истину, что Христос принял вас и хочет освободить от всех ловушек лукавого. Примите решение противостоять лжи заветов ислама и отвергнуть ее.

Это молитва об отказе от *шахады*. Ее лучше всего читать стоя.

Провозглашение и молитва об отречении от *шахады* и разрушении ее власти

Я отрекаюсь от ложного подчинения, как учил и демонстрировал Мухаммад.

Я отрекаюсь от веры в то, что Мухаммад – посланник Бога, и отвергаю ее как ложную.

Я отвергаю утверждение, что Коран – это Слово Божье.

Я отвергаю и отказываюсь от шахады и любого ее произнесения.

Я отказываюсь от Аль-Фатихи. Я отказываюсь от ее утверждений о том, что евреи находятся под гневом Божьим, а христиане сбились с пути.

Я отказываюсь от ненависти к евреям. Я отвергаю утверждение, что они исказили Библию.

Я отвергаю утверждение, что Бог отверг евреев, и объявляю его ложью.

Я отказываюсь от чтения Корана и отвергаю его власть над моей жизнью.

Я отказываюсь от всякого ложного поклонения, основанного на примере Мухаммада.

Я отказываюсь от всех ложных учений о Боге, которые принес Мухаммад, и от утверждения, что Аллах, изображенный в Коране, и есть Бог.

[Для шиитов: Я отвергаю и отказываюсь от всех связей с Али и двенадцатью халифами. Я отказываюсь от всякой скорби по Хусейну и исламским мученикам].

Я отрекаюсь от посвящения исламу после моего рождения, и от приверженности моих предков.

Я отвергаю пример Мухаммада и отрекаюсь от него. Я отказываюсь от насилия, запугивания, ненависти, духа оскорбления, обмана, превосходства, изнасилования, жестокого обращения с женщинами, воровства и всех грехов, которые совершил Мухаммад.

Я отвергаю и отрекаюсь от стыда. Я заявляю, что во Христе Иисусе нет осуждения, и Кровь Христа очищает меня от всякого стыда.

Я отвергаю и отрекаюсь от всех страхов, внушаемых исламом. Я прошу у Бога прощения за то, что посеял в себе страхи из-за ислама, и выбираю во всем доверять Богу и Отцу моего Господа Иисуса Христа.

Я отвергаю и отрекаюсь от проклятий в адрес других. Я выбираю быть человеком благословения.

Я отвергаю и отрекаюсь от всех связей с джиннами. Я отвергаю исламское учение о карине и разрываю все связи с демонами.

Я выбираю ходить по Духу, а Слово Божье – свет на моем пути.

Я прошу у Бога прощения за все безбожные поступки, которые я совершил из-за того, что последовал за Мухаммадом как посланником Аллаха.

Я отвергаю и отрекаюсь от кощунственного утверждения, что когда Иисус вернется, он заставит всех людей на земле следовать шариату Мухаммада.

Я выбираю следовать за Христом и только за Ним.

Я исповедую, что Христос – Сын Божий, что Он умер на кресте за мои грехи и воскрес из мертвых ради моего спасения. Я славлю Бога за крест Христа и принимаю решение взять свой крест и следовать за Ним.

Я исповедую, что Христос – Господь всего. Он правит небесами и землей. Он – Господь моей жизни. Я исповедую, что Он придет снова, чтобы судить живых и мертвых. Я держусь за Христа и заявляю, что нет другого имени ни на небе, ни на земле, которым бы я мог спастись.

Я прошу моего Отца Бога дать мне новое сердце, сердце Христа, чтобы оно направляло и благословляло меня во всем, что я делаю и говорю.

Я отвергаю все ложное поклонение и посвящаю свое тело поклонению живому Богу, Отцу, Сыну и Святому Духу.

Аминь.

6

Свобода от договора Зимма

"Крови кропления, говорящей лучше…"
Евреям 12:24

В этой главе мы рассмотрим политику ислама в отношении немусульман, которые попадают под власть ислама, и отношение к ним. Эти люди, в том числе христиане и иудеи, известны в исламе как *зимми*.

Договор зимма

В 2006 году, выступая со своей знаменитой регенсбургской лекцией, Папа Бенедикт процитировал византийского императора Мануила II Палеолога, который говорил о "повелении Мухаммада распространять мечом веру, которую он проповедовал".

Комментарии Папы вызвали гневную реакцию мусульман. После этой речи в ходе беспорядков по всему миру погибло около 100 человек. Одной из самых интересных реакций стал ответ шейха Абдул Азиза аль-Шейха, верховного муфтия Саудовской Аравии, который выпустил пресс-релиз, в котором заявил, что ислам не распространяется с помощью насилия. Он утверждал, что обвинять ислам в этом неправильно, потому что у неверных есть третий выбор. Первый вариант – ислам, второй – меч, а третий –"сдаться и платить налог, и им будет позволено остаться на своей земле, исповедуя свою религию под защитой мусульман".

Верховный муфтий обратил внимание читателей на пример Мухаммада. Он сказал: "Те, кто читает Коран и *Сунну*, могут понять факты".

Муфтий назвал три варианта:

14. Принять ислам
15. меч – убей или будь убит
16. сдаться силам ислама.

Первые два варианта восходят к Мухаммаду, который сказал:

Аллах приказал мне сражаться с людьми до тех пор, пока они не подтвердят, что никто не имеет права на поклонение, кроме Аллаха, и что Мухаммад – посланник Аллаха... Так что если они сделают все это, то сохранят от меня свои жизни и имущество...".

Однако это было смягчено другими заявлениями, в которых Мухаммад предлагал третий вариант, помимо ислама или меча, - сдаться и платить дань, известную как *джизья*:

Сражайтесь во имя Аллаха и на пути Аллаха.
Сражайтесь с теми, кто не верит в Аллаха. Ведите священную войну...
Когда вы встретите своих врагов, которые являются сподвижниками, предложите им три варианта действий. Если они откликнутся на одно из них, вы также примите его и воздержитесь от причинения им вреда.
Предложите им (принять) ислам; если они ответят вам, примите это от них и откажитесь от борьбы с ними...
Если они откажутся принять ислам, требуйте от них *джизью*.
Если они согласятся платить, примите это от них и не трогайте своих рук.
Если же они откажутся платить налог, обратитесь за помощью к Аллаху и сражайтесь с ними.

Требование о выплате *джизьи* также основано на одном из стихов Корана:

> Сражайтесь с теми из людей Писания… пока они не станут собственноручно платить дань (*джизью*), оставаясь униженными. (С.9:29)

Согласно исламскому праву, общины, подчинившиеся исламскому правлению, принимают договор *зимма*, который представляет собой соглашение о капитуляции, в котором немусульманская община соглашается на две вещи: 1) выплачивать мусульманам ежегодную дань *джизья* и 2) быть униженными, приняв отношение побежденного смирения.

Мусульманский комментатор Ибн Касир в своем комментарии к С.9:29 сказал: "Мусульманам не разрешается оказывать почести *зимми* или возвышать их над мусульманами, ибо они отвержены, опозорены и унижены". Это униженное состояние, по его словам, должно быть обеспечено законами *шариата*, гарантирующими "их постоянное унижение, деградацию и позор".

В обмен на согласие с договором *зимма шариат* разрешает немусульманам сохранять религию, которой они придерживались до завоевания. Немусульмане, живущие на таких условиях, называются *зимми*.

Система *зима* – это политическое проявление двух теологических принципов Корана:

17. Ислам должен одержать победу над другими религиями:

    > Он – Тот, Кто отправил Своего Посланника с верным руководством и религией истины, чтобы превознести ее над всеми остальными религиями. Довольно того, что Аллах является Свидетелем. (С.48:28)

18. Мусульмане должны обладать властью, чтобы обеспечить соблюдение исламского учения о том, что хорошо и что плохо:

    > Вы являетесь лучшей из общин, появившейся на благо человечества, повелевая совершать одобряемое, удерживая от предосудительного и веруя в Аллаха. (С.3:110)

Джизья

В исламском законодательстве *шариата* договор *зимма* рассматривает немусульман как людей, которые потеряли бы свои жизни, если бы мусульмане не пощадили их. Это восходит к доисламской идее о том, что если вы завоевали кого-то, но оставили его в живых, то он был обязан вам своей жизнью. В связи с этим ежегодный налог *джизья*, выплачиваемый взрослыми мужчинами-зимми в пользу исламского государства, описывается в авторитетных исламских источниках как выкуп, выплачиваемый *зимми* в обмен на их кровь. Слово *джизья* означает "возмещение", "компенсация" или "дань". Мусульманские лексикографы определяли его значение следующим образом:

> ...налог, который берется со свободных немусульман мусульманского государства, когда они ратифицируют договор [пакт *зимма*], обеспечивающий им защиту, как бы в качестве компенсации за то, что они не были убиты.[11]

Мухаммад ибн Юсуф Атфайиш, алжирский комментатор XIX века, объяснил этот принцип в своем комментарии к С.9:29:

> Было сказано: Это [*джизья*] - удовлетворение за их кровь. Сказано, что ее достаточно... чтобы компенсировать то, что они не были убиты. Ее цель – заменить обязательное (*ваджиб*) убийство и порабощение... Она предназначена для блага мусульман.

Или, как объяснил Уильям Итон более чем за столетие до этого в своем *Обзоре Турецкой империи,* опубликованном в 1798 году:

> Сами слова их формулы, выдаваемой подданным-христианам при уплате ими поголовного налога [*джизья*], подразумевают, что полученная сумма денег берется в качестве компенсации за то, что им разрешили носить голову в этом году.

---

11. Edward W. Lane, Arabic-English Lexicon.

Наказание за несоблюдение

В исламском праве за несоблюдение договора *зимма полагалось* суровое наказание. Если *зимми* не платил налог *джизья* или не подчинялся предписаниям, налагаемым на *зимми*, наказание заключалось в том, что *джихад* начинался снова. Это означало условия военного времени: имущество *зимми должно было* быть разграблено, женщины порабощены и изнасилованы, а мужчины убиты (или обращены в ислам под страхом меча).

Известный пример конкретного договора *зимма*, известный как Пакт Умара, включал пункт, в котором христиане Сирии ссылались на наказание в виде *джихада*:

> Таковы условия, которые мы ставим перед собой и последователями нашей религии в обмен на безопасность и защиту. Если мы нарушим хоть одно из этих обещаний, которые мы дали вам ради вашей выгоды, то наш договор *зимма* будет нарушен, и вам будет позволено делать с нами то же, что и с людьми непокорными и мятежными.

Ибн Кудама говорит о том же, что если немусульманский *зимми* не соблюдает условия договора *зимма*, то он лишается жизни и имущества:

> Человек, находящийся под защитой, который нарушает соглашение о защите, отказываясь платить поголовный налог [*джизья*] или подчиняться законам общины... делает свою личность и свое имущество *халяль* ["дозволенными" - свободно доступными для убийства или захвата мусульманами].

История многих общин *зимми* отмечена травмирующими историческими событиями, связанными с массовыми убийствами, изнасилованиями и грабежами. Они служили для того, чтобы держать немусульман в состоянии постоянного запугивания и укрепляли психологические и духовные узы *зима* над всей общиной. Два примера:

- В 1066 году евреи Гранады, насчитывавшие около 3 000 человек, были истреблены мусульманами. Дело в том, что еврей Самуил ха-Нагид был великим визирем Гранады, служившим мусульманскому султану. Его сменил на этом посту сын, Иосиф ха-Нагид. Успех этих евреев был расценен как нарушение условий *зимма*, которая запрещает немусульманам править над мусульманами. Кампания религиозного подстрекательства против евреев, апеллировавшая к положениям *зимма*, привела к резне. Позднее североафриканский юрист аль-Магили писал, что, когда евреи занимают видное положение на службе у султана, они находятся "в состоянии постоянного бунта против своего статуса [*зимми*], который с этого момента больше не защищает их". Другими словами, их кровь была *халяль*.

- В 1860 году более 5 000 христиан Дамаска были уничтожены. Причиной послужило то, что в Османской империи официально отменили законы *зимма*. Это было сделано под политическим давлением европейских держав. Мусульманские проповедники в Дамаске возмутились улучшением статуса и заявили, что, поскольку христиане больше не ведут себя покорно, как *зимми*, их защищенный статус утрачивается. Последовавшая за этим резня проходила по классической схеме *джихада*: мужчин убивали, женщин и детей обращали в рабство, пленных насиловали, а имущество грабили. Некоторым удалось спастись, приняв ислам.

Тревожный ритуал

Налог *джизья* должен был ежегодно выплачиваться каждым взрослым мужчиной, и для этого необходимо было следовать определенному ритуалу. Мужчины-зимми должны были проходить этот ритуал по всему мусульманскому миру вплоть до двадцатого века.

Ритуал уплаты *джизьи* включал в себя важную символику, когда мусульманин ударял *зимми* по шее, а в некоторых вариантах *зимми* тащили за собой на веревке, обвязанной вокруг шеи. Эти ритуальные действия означали, что *зимми* платил этим налогом за свою жизнь, чтобы избежать смерти или рабства. Этот ритуал был воплощением смерти от обезглавливания, от которой *джизья* давала ежегодную отсрочку.

Как мусульманские, так и немусульманские источники содержат множество сообщений об этом ритуале, от Марокко до Бухары, с девятого по двадцатый век. Ритуал продолжался в некоторых мусульманских странах, таких как Йемен и Афганистан, вплоть до исхода евреев в Израиль в конце 1940-х - начале 1950-х годов, и в последние годы радикальные мусульмане неоднократно призывали вернуть его обратно.

Как символическое обезглавливание, ритуал уплаты *джизьи* можно рассматривать как "договор на крови" или "клятву кровную клятву" (обсуждалась во второй главе), в котором участник вызывает смерть против себя, имитируя способ казни, если он когда-либо не выполнит условия договора. Такие клятвы веками использовались в церемониях посвящения в тайные общества и оккультные группы, и они обладают психологической и духовной силой, чтобы связать людей, участвующих в этих церемониях, покорностью и послушанием.

Ритуал *джизья* символически требует от участвующего в нем *зимми* согласиться отдать свою голову, если он нарушит любое из условий договора *зимма*, который сохранил ему жизнь. Это акт самопроклятия, который фактически говорит: "Ты можешь по праву забрать мою голову, если я нарушу любое из условий договора". Впоследствии, если *зимми* нарушит свой договор, он уже вынес себе смертный приговор, пройдя через этот публичный ритуал, и если его убьют, то только с его собственного предварительного разрешения.

В следующих разделах мы рассмотрим психологическое воздействие системы *зимма* на немусульман.

Смирение благодарность

По сути, в классическом исламском праве немусульмане рассматриваются как люди, обязанные своей жизнью мусульманским завоевателям. От них ожидается отношение благодарности и смиренной неполноценности. Исламские комментаторы недвусмысленно высказываются по этому поводу.

Многие предписания *шариата* были разработаны для того, чтобы навязать немусульманам чувство неполноценности и уязвимости. Например:

- Свидетельства *зимми* не принимались в *шариатских* судах: это делало их уязвимыми для всех видов притеснений.

- Дома *зимми должны были быть* ниже, чем дома мусульман.

- *Зимми* не разрешалось ездить на лошадях или поднимать голову выше мусульман.

- *Зимми должны были уступать* дорогу мусульманам на дорогах общего пользования, двигаясь по обочине, чтобы пропустить их.

- *Зимми* не имели средств самообороны, что делало их уязвимыми перед актами насилия со стороны мусульман.

- Запрещалось публично демонстрировать немусульманские религиозные символы и ритуалы.

- Нельзя было строить новые церкви и восстанавливать разрушенные.

- Критика ислама не допускалась.

- *Зимми должны были* одеваться по-другому, носить отличительную одежду или цветные нашивки.

- Мужчины-мусульмане могли жениться на женщинах-зимми, и их дети должны были воспитываться как мусульмане; однако женщине-мусульманке было запрещено выходить замуж за мужчину-зимми.

- Кроме того, существовало множество других законов, которые навязывали унижение и сегрегацию немусульманских общин.

Такие законы понимались как социальное и правовое выражение того, что они "были унижены", как повелевает Коран (С.:29).

Система *зима* была призвана уменьшить и унизить немусульманские общины, над которыми она господствовала. Марокканский комментатор XVIII века Ибн Аджиба описывал ее цель как убийство души:

> [Зимми] велено предать смерти свою душу, удачу и желания. Прежде всего он должен убить в себе любовь к жизни, лидерству и чести. *Зимми* должен полностью изменить желания своей души, нагрузить ее сильнее, чем она может выдержать, пока она не станет полностью покорной. После этого ничто не будет для него невыносимым. Он будет безразличен к покорности или могуществу. Бедность и богатство будут для него одним и тем же; похвала и оскорбление – одним и тем же; препятствовать и уступать – одним и тем же; потерять и найти – одним и тем же. Тогда, когда все будет одинаково, она [душа] будет покорна и охотно отдаст то, что должна отдать.

Психология неполноценности

Термин *зиммитюд* используется для описания совокупности условий, которые порождает договор *зимма*. Подобно сексизму и расизму, *зиммитюд* выражается не только в правовых и социальных структурах, но и в психологии благодарной неполноценности и воли к служению, которую подчиненная община принимает в попытке самосохранения.

Как сказал великий средневековый иберийский еврейский ученый Маймонид: "Мы согласились, и стар и млад, подвергнуть себя унижению..."; а в начале XX века сербский географ Йован Цвиич описал, как передающийся из поколения в поколение страх перед насилием со стороны правящих турок и мусульманских албанцев психологически изменил христианское население Балкан:

> [Они привыкли принадлежать к низшему, подневольному классу, чей долг – быть угодным хозяину, смиряться перед ним и угождать ему. Эти люди становятся замкнутыми, скрытными, хитрыми; они теряют всякое доверие к другим; они привыкают к лицемерию и подлости, потому что это

необходимо для того, чтобы жить и избегать жестоких наказаний.

Прямое влияние угнетения и насилия проявляется почти у всех христиан в виде чувства страха и опасения... В Македонии я слышал, как люди говорили: "Даже во сне мы убегаем от турок и албанцев".

С неполноценностью *зимми* соседствует превосходство мусульманина, который испытывает чувство великодушия, позволяя *зимми* жить и воздерживается от захвата его имущества. Как сказал мне один иранец, обратившийся в христианство: "Христианство все еще рассматривается как религия людей низшего класса. Ислам – это религия господ и правителей, а христианство – религия рабов".

Такое мировоззрение *зиммитюда* столь же вредно для мусульман, сколь и унизительно для немусульман. Мусульмане вредят сами себе, когда создают условия, при которых у них нет возможности научиться конкурировать на равных. Политика экономического протекционизма может привести к упадку экономики страны; подобным образом религиозный протекционизм *зима* привел к тому, что мусульмане стали полагаться на ложное чувство превосходства, что в конечном итоге ослабило их и повредило их способности обрести истинное понимание себя и окружающего мира.

Система *зиммитюда* порождает набор глубоко укоренившихся взглядов с обеих сторон из поколения в поколение. Как расизм может сохраняться в странах спустя много лет после отмены рабства по расовому признаку, так и институт *зиммитюда* продолжает влиять и даже доминировать в отношениях между мусульманами и другими людьми, даже когда налог *джизья* становится лишь далеким воспоминанием.

Психология *зиммитюда* может влиять даже на те общества, которые никогда не находились под властью *шариата*. Это может исказить академические исследования и нанести ущерб политическому дискурсу. Например, на Западе уже давно есть ряд политиков, которые восхваляют ислам, объявляя его религией мира, и выражают ему благодарность. Такие выражения похвалы и благодарности являются характерной реакцией *зимми* на исламское правление.

Религиозные преследования и возвращение системы зимма

В XIX и XX веках европейские державы вынудили мусульманский мир ослабить или ликвидировать систему *зимма*. Однако за последнее столетие произошло глобальное возрождение *шариата*. В рамках этого возрождения, законы и мировоззрение *зима* возвращаются по всему мусульманскому миру, а вместе с этим растет атмосфера предрассудков, запугивания и дискриминации в отношении христиан и других немусульман. Примером может служить Пакистан, который был основан как государство со светской конституцией, но позже объявил себя исламским государством, восстановил *шариатские* суды и ввел закон о богохульстве, дискриминирующий немусульман. Тенденция к возрождению *шариата* привела к усилению преследования пакистанских христиан.

Сегодня в мире везде, где возрождается *шариат*, жизнь христиан и других немусульман становится все хуже. Сегодня четыре из пяти стран, где христиане подвергаются гонениям, являются исламскими, и особые формы преследования христиан в этих местах, такие как ограничения на строительство мест поклонения, поддерживаются возрождением законов *зима* как части более широкого возрождения *шариата*.

В этом разделе мы рассмотрим причины отречения от договора *зимма* и его пагубного духовного влияния.

Духовное решение

Жизнь Мухаммада была сформирована глубоким опытом отвержения, что привело к появлению раненого духа, духа обиды, менталитета жертвы, духа насилия и желания доминировать над другими. Его призывы к *джихаду* были обусловлены этим угнетенным духовным состоянием, которое искало освобождения через унижение других. Результатом этого стала унизительная система *зимма*.

Христос, напротив, был отвергнут, но отказался затаить обиду, отказался принимать насилие, отказался доминировать над другими, отказался принять уязвленный дух. Его крест и воскресение победили отвержение и силы тьмы. Христиане могут обратиться к кресту, чтобы обрести свободу от наследия *зимма*.

Свидетельства о свободе от договора зимма

Вот несколько свидетельств людей, которые молились об отречении от завета *зимма* и обрели свободу.

Межпоколенческие страхи

Одна женщина, с которой я молился, страдала от страха в разных сферах своей жизни. Сто лет назад ее предки жили в качестве *зимми* в Дамаске, Сирия, где в 1860 году произошел знаменитый геноцид христиан. Когда я побудил ее произнести молитву об отказе от договора *зимма*, сила страха была сломлена, и она обрела значительное облегчение от страха в своей повседневной жизни.

Свобода от наследия геноцида

У человека из армянской семьи были предки, которые пережили геноцид, приняв греческие имена и сбежав через Смирну в Египет. Спустя большую часть столетия этот сын беженцев ежедневно страдал от гнетущих страхов. Он не мог выйти из дома, не испытывая сильного беспокойства по поводу того, запер ли он все двери и окна. Однако когда он отказался от передающегося из поколения в поколение страха, связанного с травмой прошлых геноцидов, и помолился о своем освобождении, он испытал значительное духовное исцеление и свободу.

Повышение эффективности служения мусульманам

Одна женщина из Новой Зеландии рассказала мне, как изменилось ее служение мусульманам после отказа от *зиммитюда* и договора *зимма:*

> Я получила большое освобождение от запугивания и страха в личных отношениях, а также перешла к гораздо большее эффективной евангелизации мусульман после молитвы о *зиммитюде* на вашем семинаре. Я проповедую мусульманам с 1989 года... Другая женщина член команды, которая также была на ваших семинарах, заметила гораздо большую эффективность в обращении к женщинам Ближнего Востока после отказа от *зиммитюда*.

От страха к смелости: обучение евангелизму

Группа арабоязычных христиан использовала молитвы, приведенные в этой книге, в рамках подготовки к общению с мусульманами, которые приехали в одну из европейских стран в качестве туристов. Хотя эти христиане находились в свободной стране, они признались, что испытывают страх перед тем, как поделиться своей верой. Обсуждение проблемы *зиммитюда* открыло их сердца для понимания необходимости исцеления от страха. Один из лидеров объяснил: "Страх живет внутри вас из-за завета, заключенного от вашего имени". После обсуждения значения договора *зимма* они молились об освобождении и вместе отреклись от завета *зимма*. В последний день программы один из них дал такую оценку:

> Результаты были потрясающими. Все без исключения присутствовавшие на семинаре убедительно заявили, что это была важная тема для обучения служению и повод для глубоких благословений и истинной свободы, особенно потому, что у каждого была возможность отказаться от завета *зима* и объявить о своем завете с Иисусом через Его Кровь. Слава Богу, есть свобода от этого договора в Крови Иисуса, через молитву.

Христианин-копт получил свободу и силу евангелизировать мусульман

Один коптский христианский адвокат поделился этим свидетельством:

> В течение четырех лет я изучал *шариат* как основной предмет в рамках получения степени юриста в одной из исламских стран. Я подробно изучил деградацию христиан по законам *шариата*, включая положения *зимма*, но что-то мешало мне понять личное влияние этих учений на мой характер. Я был убежденным христианином и любил Господа Иисуса Христа, но раз за разом не мог объявить Его своим Господом в присутствии друзей-мусульман, чтобы не задеть их чувства.
>
> Когда я посетил лекцию о *зиммитюде*, я почувствовал, что на мое духовное состояние пролился свет, а глубокое разочарование в моей душе обнажились. Я вспомнил множество ситуаций, когда я с радостью принимал и даже защищал превосходство мусульман на завоеванной ими территории – земле моих предков. Я убедился, что в течение многих лет я принимал и жил в унизительном положении *зимми*. Я обратился к молитве и сразу же обрел великую свободу во Христе.
>
> В тот же вечер я вернулся домой и позвонил хорошей подруге-мусульманке. Я сказал ей, что Иисус Христос любит ее и что Он умер за нее на кресте. С тех пор мое служение мусульманам стало очень эффективным, и я видел, как многие из них провозгласили Христа своим Господом и Спасителем.

Причины для отказа от договора зимма

Есть несколько причин благодаря которым вы можете захотеть помолиться провозглашениями и молитвами, которые следуют за этой главой:

- Возможно, вы или ваши предки жили как немусульмане под властью ислама и приняли завет *зимма*, или жили в условиях, на которые повлияли принципы *джихада* и *зиммитюда*.

- Возможно, на вашу личную или семейную историю сильно повлияли травмирующие события, такие как насилие, связанное с *джихадом*, или другие злоупотребления, которые могут происходить в условиях *зимма*. Возможно, вы даже не слышали о таких событиях, но можете подозревать, что они являются частью истории вашей семьи.

- Возможно, вам или вашим предкам угрожал исламский *джихад*, и хотя в вашей семье не было случаев жизни под властью ислама, вы хотите избавиться от страха и запугивания.

- Возможно, вы или ваши предки жили как мусульмане, и вы хотите отказаться от участия в договоре *зима* и всех его последствий.

Эти молитвы призваны отменить договор *зима* вместе со всеми его духовными последствиями, чтобы он не имел власти над вашей жизнью. Они также призваны противостоять и снять все проклятия, наложенные на вас или ваших предков из-за того, что вы являетесь *зимми*, живущим в исламском государстве. Возможно, вы произнесете эти молитвы с чувством сожаления о недостатке знаний в прошлом и желанием встать на путь истины Божьего Слова. Они предназначены для того, чтобы провозгласить свою свободу от всех негативных духовных влияний *зиммитюда*, таких как:

- боль
- страх
- запугивание
- позор
- чувство вины
- чувство неполноценности
- ненависть к себе и самоотрицание
- ненависть к другим

- депрессия
- обман
- унижение
- абстиненция и изоляция
- молчание

Сейчас мы рассмотрим молитву об отречении от завета *зимма*. Эта молитва призвана освободить христиан, которые сегодня живут под властью ислама или чьи предки жили под его властью.

Встреча с истиной

Если вы не сделали этого во время чтения предыдущей главы, то перед чтением молитвы об отказе от *зиммы* прочитайте вслух стихи из раздела "Встреча с истиной" из пятой главы.

Эта молитва об отречении от договора *зима* должна быть прочитана вслух всеми участниками, стоящими вместе.

Провозглашение и молитва об отречении от договора зимма и разрушении его власти

Молитва исповеди

Любящий Бог, я признаю, что согрешил и отвернулся от Тебя. Я раскаиваюсь и обращаюсь ко Христу как к своему Спасителю и Господу. Пожалуйста, прости меня за те случаи, когда я запугивал других, пытался навязать им свою неполноценность или унижение. Прости меня за мою гордость. Прости меня за те случаи, когда я оскорблял или доминировал над другими. Я отрекаюсь от всего этого во имя Иисуса.

Бог и Отец Господа нашего Иисуса Христа, я славлю Тебя за дар прощения, завоеванный Христом на кресте. Я признаю, что Ты принял меня. Я благодарю Тебя за то, что через крест мы примирились с Тобой и друг с другом. Сегодня я заявляю, что я – Твое дитя и наследник Царства Божьего.

Провозглашения и отречения

Отец, я согласен с Тобой, что я не подвластен страху, но являюсь дитем Твоей любви. Я отвергаю и отрекаюсь от требований ислама, которым учил Мухаммад. Я отрекаюсь от всех форм подчинения "Аллаху Корана" и заявляю, что поклоняюсь только Богу Господа нашего Иисуса Христа.

Я раскаиваюсь в грехах моих предков, подчинившихся завету зиммы и его принципам, и прошу у вас прощения за их грехи.

Я отрекаюсь и отменяю все договоры о капитуляции, заключенные мной или моими предками с мусульманской общиной и принципами ислама.

Я полностью отвергаю договор зима и все его условия. Я отрекаюсь от удара по шее в ритуале уплаты джизьи, а также от всего, что он символизирует. В частности, я отказываюсь от проклятия обезглавливания и смерти, символизируемых этим ритуалом.

Я заявляю, что завет зимма пригвожден ко кресту Христа. Зимма превратилась в публичное зрелище и не имеет надо мной никакой власти и никаких прав. Я заявляю, что духовные принципы договора зимма разоблачены, обезоружены, побеждены и посрамлены через крест Христа.

Я отказываюсь от ложного чувства благодарности к исламу.

Я отказываюсь от ложного чувства вины.

Я отказываюсь от обмана и лжи.

Я отказываюсь от всех соглашений хранить молчание о своей вере в Христа.

Я отказываюсь от всех соглашений молчать о договоре зимма или исламе.

Я буду говорить и не буду молчать.

Я заявляю, что "истина сделает меня свободным"[12], и я выбираю жить как свободный человек во Христе Иисусе.

Я отрекаюсь и отменяю все проклятия, произнесенные в адрес меня и моей семьи во имя ислама. Я отрекаюсь и отменяю все проклятия, произнесенные в адрес моих предков.

Я отрекаюсь от проклятия смерти и снимаю его. Смерть, ты не имеешь надо мной власти!

Я заявляю, что эти проклятия не имеют надо мной власти.

Я претендую на благословения Христа как на свое духовное наследство.

Я отказываюсь быть запуганным. Я выбираю быть смелым в Христе Иисусе.

Я отрекаюсь от манипуляций и контроля.

Я отрекаюсь от жестокости и насилия.

Я отрекаюсь от страха. Я отказываюсь от страха быть отвергнутым. Я отказываюсь от страха потерять свою собственность и имущество. Я отказываюсь от страха бедности. Я отказываюсь от страха попасть в рабство. Я отказываюсь от страха изнасилования. Я отказываюсь от страха оказаться в изоляции. Я отказываюсь от страха потерять семью. Я отказываюсь от страха быть убитым и страха смерти.

Я отрекаюсь от страха перед исламом. Я отказываюсь от страха перед мусульманами.

Я отрекаюсь от страха быть вовлеченным в общественную или политическую деятельность.

Я провозглашаю, что Иисус Христос – Господь всех.

Я подчиняюсь Иисусу как Господу во всех сферах моей жизни. Иисус Христос – Господь моего дома. Иисус Христос – Господь моего города. Иисус Христос – Господь моей нации. Иисус Христос – Господь всех народов на этой земле. Я подчиняюсь Иисусу Христу как своему Господу.

---

12. Иоанна 8:32.

Я отрекаюсь от унижения. Я заявляю, что Христос принял меня. Я служу Ему и только Ему.

Я отрекаюсь от стыда. Я провозглашаю, что через крест я очищен от всех грехов. Стыд не имеет надо мной никаких прав, и я буду царствовать со Христом во славе.

Господи, прости меня и моих предков за всю ненависть к мусульманам. Я отказываюсь от ненависти к мусульманам и всем другим людям и провозглашаю любовь Христа к мусульманам и всем другим людям на этой земле.

Я каюсь в грехах церкви и в неправомерном подчинении церковных лидеров.

Я отрекаюсь от отчуждения. Я заявляю, что я прощен и принят Богом через Христа. Я примирен с Богом. Никакая сила на небе или на земле не может выдвинуть против меня обвинения перед престолом Божьим.

Я возношу хвалу и благодарность Богу, Отцу нашему, Христу, Который является моим единственным Спасителем, и Святому Духу, Который один дает мне жизнь.

Я обязуюсь быть живым свидетелем Иисуса Христа как Господа. Я не стыжусь Его креста. Я не стыжусь Его воскресения.

Я провозглашаю, что являюсь ребенком живого Бога, Бога Авраама, Исаака и Иакова.

Я провозглашаю победу Бога и Его Мессии. Я провозглашаю, что всякое колено преклонится и всякий язык исповедает, что Иисус Христос есть Господь во славу Бога Отца.

Я прощаю мусульман за участие в системе зиммитюда.

Отче Боже, пожалуйста, освободи меня от договора зимма, духа зиммитюда и всех нечестивых принципов, связанных с заветом зимма.

Я прошу Тебя наполнить меня Твоим Святым Духом и излить на меня все благословения Царства Иисуса Христа. Даруй мне благодать ясно понимать истины Твоего Слова и применять их в каждой сфере моей жизни. Даруй мне слова надежды и жизни, как Ты обещал, и благослови мои уста, чтобы я мог говорить их другим с властью и силой во имя Иисуса. Дай мне смелость быть верным свидетелем Христа. Даруй мне глубокую любовь к мусульманам и страсть делиться с ними любовью Христа.

Я провозглашаю и прошу об этом во имя Иисуса Христа, моего Господа и Спасителя.

Аминь.

7
Обман, ложное превосходство и проклятия

"Смерть и жизнь – во власти языка, и любящие его вкусят от плодов его".
Притчи 18:21

Свобода от обмана

В этих разделах мы рассмотрим учение ислама о лжи и сделаем выбор в пользу отказа от нее.

Истина драгоценна

Пастор Даманик, который был ложно заключен в тюрьму в Индонезии за выступление против исламского *джихада*, так говорит об истине:

> ...Хотя истина трудна и очень дорога, у нас нет выбора. Мы должны быть готовы заплатить дорогую цену. Альтернатива – распрощаться с правдой. Правдолюб должен бороться изо всех сил, чтобы быть человеком с железной волей и в то же время с чистым и прозрачным сердцем (как стекло). Железная воля сильна, ее невозможно согнуть. Она непоколебима в своей приверженности

истине... Стеклянное сердце – это сердце, чистое от собственных скрытых интересов и личных планов. Как и стекло, правдолюбец чувствителен и легко раскалывается от несправедливости и фальши в мире. Такая разбитость сердца – не признак слабости, а признак силы и могущества. Он обладает сильной волей, а его острый язык способен высказаться в лицо неправде и фальши окружающего мира. Его сердце не может быть тихим и спокойным. Его сердце всегда полно борьбы с несправедливостью.

Тот факт, что Бог правдив, является для нас основополагающим при вступлении в отношения с Ним. Бог связывает себя отношениями с человечеством.

Культура шариата

Согласно Корану и учениям ислама, ложь разрешена при определенных обстоятельствах. Мы видели в третьей главе, как ложь разрешена, а иногда и обязательна в исламе.

В Коране говорится, что даже Аллах обманывает людей, сбивая их с пути:

> Аллах вводит в заблуждение, кого пожелает, и ведет прямым путем, кого пожелает. Он - могущественный, мудрый". (С.14:4)

Виды лжи, которые одобряет *шариат*, включают в себя:

- ложь во время войны
- мужья лгут женам
- ложь для самозащиты
- ложь для защиты *Уммы*
- ложь в целях самозащиты (*такийя*), когда мусульмане считают, что им угрожает опасность: в этом случае мусульманину разрешается даже отречься от своей веры (С.16:106).

Эти религиозные ценности оказали глубокое влияние на исламскую культуру.

Встреча с истиной

В отличие от ислама, христианину не разрешается отрекаться от своей веры:

> Итак, всякого, кто исповедает Меня пред людьми, того исповедаю и Я пред Отцом Моим Небесным; а кто отречется от Меня пред людьми, отрекусь от того и Я пред Отцом Моим Небесным. (Матфея 10:32-33)

Иисус сказал: "Но да будет слово ваше: "да, да"; "нет, нет" (Матфея 5:37).

Согласно Бытию 17, что Бог установил с Авраамом?

> И поставлю завет Мой между Мною и тобою и между потомками твоими после тебя в роды их, завет вечный в том, что Я буду Богом твоим и потомков твоих после тебя и дам тебе и потомкам твоим после тебя землю, по которой ты странствуешь, всю землю Ханаанскую, во владение вечное; и буду им Богом. (Бытие 17:7-8)

А согласно Псалму 88, что Бог установил с Давидом?

> …утвердил Ты истину Твою, когда сказал: "Я поставил завет с избранным Моим, клялся Давиду, рабу Моему: навек утвержу семя твое, в род и род устрою престол твой" (Псалом 88:3-5)

Эти два отрывка, которые вы только что прочитали, показывают, что Бог устанавливает заветы со Своим народом.

Какие два атрибута отношений Бога вы можете заметить в следующих отрывках?

> Бог не человек, чтоб Ему лгать, и не сын человеческий, чтоб Ему изменяться. Он ли скажет и не сделает? будет говорить и не исполнит? (Числа 23:19)

> Славьте Господа, ибо Он благ, ибо вовек милость Его. (Псалом 135:1)

> [говоря об иудеях]... а в отношении к избранию – возлюбленные Божии ради отцов. Ибо дары и призвание Божие непреложны. (Римлянам 11:28-29)

> ...по вере избранных Божии и познанию истины, относящейся к благочестию, в надежде вечной жизни, которую обещал неизменный в слове Бог прежде вековых времен... (Тит. 1:1-2)

> Посему и Бог, желая преимущественнее показать наследникам обетования непреложность Своей воли, употребил в посредство клятву, дабы в двух непреложных вещах, в которых невозможно Богу солгать, твердое утешение имели мы, прибегшие взяться за предлежащую надежду, которая для души есть как бы якорь безопасный и крепкий. (Евреям 6:17-19)

> Верен Бог, что слово наше к вам не было то "да", то "нет". Ибо Сын Божий, Иисус Христос... не был "да" и "нет"; но в Нем было "да". (2 Коринфянам 1:18-20)

Бог неизменен и верен в Своих отношениях. Он всегда держит Свое слово.

Согласно книге Левит, что Бог хочет от людей?

> И сказал Господь Моисею, говоря: объяви всему обществу сынов Израилевых и скажи им: святы будьте, ибо свят Я, Господь, Бог ваш. (Левит 19:1-2)

Истинный Бог Библии хочет, чтобы мы были святы, как Он.

Согласно следующим трем стихам, как мы проявляем Божью святость в своей жизни?

> ...ибо милость Твоя пред моими очами, и я ходил в истине Твоей.[13] (Псалом 25:3)

> В Твою руку предаю дух мой; Ты избавлял меня, Господи, Бог Боже истины. (Псалом 30:6)

---

13. Слово, переведенное здесь как "истина", может также означать "верность".

Не удерживай, Господи, щедрот Твоих от меня; милость Твоя и истина Твоя да охраняют меня непрестанно. (Псалом 39:12)

Мы можем показать Божью святость, будучи правдивыми и живя в истине, потому что Бог правдив и верен Своему слову. Хотя сатана любит вкладывать ложь в наши сердца, Божья истина защищает нас.

Что делает с нами истина, согласно этому псалму Давида?

Вот, я в беззаконии зачат, и во грехе родила меня мать моя. Вот, Ты возлюбил истину в сердце и внутрь меня явил мне мудрость [Твою]. Окропи меня иссопом, и буду чист; омой меня, и буду белее снега. (Псалом 50:7-9).

В этом псалме говорится, что истина очищает нас.

Согласно этому стиху, что наполняло жизнь Иисуса?

...мы видели славу Его, славу, как Единородного от Отца. (Иоанна 1:14)

Иисус был полон истины.

В чем мы призваны жить?

А поступающий по правде идет к свету, дабы явны были дела его, потому что они в Боге соделаны. (Иоанна 3:21)

Мы призваны жить в истине.

Согласно этим двум стихам, только через что мы можем познать Бога?

Бог есть дух, и поклоняющиеся Ему должны поклоняться в духе и истине. (Иоанна 4:24)

Иисус сказал ему: Я есмь путь, и истина, и жизнь. Никто не приходит к Отцу, как только через Меня. (Иоанна 14:6)

Иисус говорит нам, что мы можем прийти к Богу только через истину. (В Евангелиях Иисус произносит "Я говорю вам истину" 78 раз).

Что несовместимо со следованием за Христом, согласно этому отрывку из Павла?

...зная, что закон положен не для праведника, но для беззаконных и непокоривых, нечестивых и грешников, развратных и оскверненных, для оскорбителей отца и матери, для человекоубийц, для блудников, мужеложников, человекохищников, [клеветников, скотоложников,] лжецов, клятвопреступников и для всего, что противно здравому учению, по славному благовестию блаженного Бога, которое мне вверено. (1 Тимофею 1:9-11)

Павел объясняет, что ложь несовместима со следованием за Христом.

Эта молитва об отречении от обмана должна быть прочитана вслух всеми участниками, стоящими вместе.

Провозглашение и молитва об отказе от обмана

Я благодарю тебя, Отец, что ты – Бог истины, что ты светишь своим светом в самую темную ночь. Сегодня я выбираю не жить во тьме, а пребывать в Твоем свете.

Пожалуйста, прости меня за всю ложь, которую я произносил. Я так часто выбирал путь комфорта и легкости, а не то, что правильно. Я прошу Тебя, Господи, очистить мои уста от всякого безбожия. Дай мне сердце, которому приятно слышать истину, и уста, готовые донести ее до других.

Дай мне мужество утешиться истиной и отвергнуть ложь.

Сегодня я отвергаю и отрекаюсь от использования лжи в своей повседневной жизни.

Я отвергаю все учения ислама, которые используются для оправдания лжи, включая такийю. Я решил отказаться от всякой лжи и обмана. Я выбираю жить в истине.

Я заявляю, что Иисус Христос есть путь, истина и жизнь. Я выбираю жить под защитой Его истины.

Я заявляю, что моя безопасность в Тебе, и истина сделает меня свободным.

Пожалуйста, покажи мне, Небесный Отец, как ходить в свете Твоей истины. Дай мне слова, которые я должен говорить, и путь, по которому я должен идти, основанный на Твоей истине.

Аминь.

Свобода от ложного превосходства

В этом разделе мы рассмотрим учение ислама о превосходстве одних людей над другими и сравним его с учением Библии. Затем мы сделаем выбор в пользу отказа от чувства ложного превосходства.

Притязания ислама на превосходство

В исламе большое внимание уделяется превосходству, тому, кто "лучший". В Коране говорится, что мусульмане лучше христиан и иудеев:

> Вы являетесь лучшей из общин, появившейся на благо человечества, повелевая совершать одобряемое, удерживая от предосудительного и веруя в Аллаха. Если бы люди Писания уверовали, то это было бы лучше для них. Среди них есть верующие, но большинство из них – нечестивцы. (С.3:110).

А ислам должен господствовать над другими религиями:

> Он – Тот, Кто отправил Своего Посланника с верным руководством и религией истины, чтобы превознести ее над всеми остальными религиями. Довольно того, что Аллах является Свидетелем. (С.48:28)

В исламе считается постыдным считать себя неполноценным. Существует множество *хадисов* о Мухаммаде, в которых большое внимание уделяется превосходству. Например, в *хадисе*, переданном ат-Тирмиди, Мухаммад заявил, что он превосходит всех людей, которые когда-либо жили:

> Я буду господином детей Адама в Судный день, и я не хвалюсь. Знамя хвалы будет в моей руке, и я не хвалюсь. В тот день каждый пророк, включая Адама, будет под моим знаменем. И я – первый, для кого откроется земля [то есть первый, кто будет воскрешен], и я не хвалюсь.

Религия ислама оказала глубокое влияние на арабскую культуру, формируя ее на протяжении более тысячи лет. В арабской культуре очень важны понятия чести и стыда, поэтому люди ненавидят, когда их выставляют в неполноценном свете. Когда люди конфликтуют, они могут попытаться унизить друг друга, и они будут действовать из чувства обиды.

Когда кто-то оставляет ислам и решает следовать за Христом, он должен отказаться от эмоционального мировоззрения, в котором человеку необходимо чувствовать свое превосходство над окружающими, он получает от этого удовлетворение и боится быть опозоренным.

Встреча с истиной

В Эдемском саду змей искусил Еву, сказав ей, что она может стать "как Бог", и на этом основании Ева согласилась с тем, чего хотел змей. Это привело к грехопадению Адама и Евы. Что мы можем узнать из этого отрывка об опасности стремления к превосходству?

> И сказала жена змею: плоды с дерев мы можем есть, только плодов дерева, которое среди рая, сказал Бог, не ешьте их и не прикасайтесь к ним, чтобы вам не умереть.
>
> И сказал змей жене: нет, не умрете, но знает Бог, что в день, в который вы вкусите их, откроются глаза ваши, и вы будете, как боги, знающие добро и зло. (Бытие 3:2- 5)

Стремление к превосходству – это ловушка для человека: люди, желающие быть выше других, могут причинить в этом мире много бед и боли.

Время от времени среди последователей Иисуса возникал вопрос о том, кто был или будет лучшим среди них. Иаков и Иоанн хотели знать, кто займет почетное место в Царстве Иисуса. Подобно Иакову и Иоанну, люди во всем мире стремятся занять лучшие места или почетные места. Что Иисус хочет сказать по этому поводу?

> Тогда подошли к Нему сыновья Зеведеевы Иаков и Иоанн и сказали: Учитель! мы желаем, чтобы Ты сделал нам, о чем попросим.
>
> Он сказал им: что хотите, чтобы Я сделал вам? Они сказали Ему: дай нам сесть у Тебя, одному по правую сторону, а другому по левую в славе Твоей.
>
> Но Иисус сказал им: не знаете, чего просите. Можете ли пить чашу, которую Я пью, и креститься крещением, которым Я крещусь?
>
> Они отвечали: можем.
>
> Иисус же сказал им: чашу, которую Я пью, будете пить, и крещением, которым Я крещусь, будете креститься; а дать сесть у Меня по правую сторону и по левую – не от Меня зависит, но кому уготовано.
>
> И, услышав, десять начали негодовать на Иакова и Иоанна. Иисус же, подозвав их, сказал им: вы знаете, что почитающиеся князьями народов господствуют над ними, и вельможи их властвуют ими. Но между вами да не будет так: а кто хочет быть большим между вами, да будет вам слугою; и кто хочет быть первым между вами, да будет всем рабом. Ибо и Сын Человеческий не для того пришел, чтобы Ему служили, но чтобы послужить и отдать душу Свою для искупления многих. (Марка 10:35-45)

Иисус отвечает на это желание, объясняя, что если Его ученики действительно хотят следовать за Ним, они должны научиться служить другим.

Опасность чувства превосходства также проявляется в истории о блудном сыне (Луки 15:11-32). "Хороший" сын почувствовал свое превосходство и не смог присоединиться к празднованию, устроенному его отцом для давно потерянного сына, когда тот вернулся. За это отец упрекнул его. Путь к настоящему успеху в глазах Бога – это стремление служить другим, а не смотреть на них свысока или властвовать над ними.

В этом важном отрывке из второй главы Послания к Филиппийцам говорится о том, что является ключом к освобождению от гнета восприятия мира с точки зрения превосходства одних людей над другими?

> Итак, если есть какое утешение во Христе, если есть какая отрада любви, если есть какое общение духа, если есть какое милосердие и сострадательность, то дополните мою радость: имейте одни мысли, имейте ту же любовь, будьте единодушны и единомысленны; ничего не делайте по любопрению или по тщеславию, но по смиренномудрию почитайте один другого высшим себя. Не о себе только каждый заботься, но каждый и о других.
>
> Ибо в вас должны быть те же чувствования, какие и во Христе Иисусе: Он, будучи образом Божиим, не почитал хищением быть равным Богу; но уничижил Себя Самого, приняв образ раба, сделавшись подобным человекам и по виду став как человек; смирил Себя, быв послушным даже до смерти, и смерти крестной. Посему и Бог превознес Его и дал Ему имя выше всякого имени, дабы пред именем Иисуса преклонилось всякое колено небесных, земных и преисподних, и всякий язык исповедал, что Господь Иисус Христос в славу Бога Отца. (Филиппийцам 2:1-11)

Ключ к освобождению от гнетущего мировоззрения превосходства – пример Иисуса Христа.

Сердце Иисуса совсем другое. Он решил служить, а не властвовать. Он не убивал, но отдал Свою жизнь за других. На практике Иисус показал, что значит смирять себя: он "уничижил себя" (Филиппийцам 2:7), даже позволил распять себя, что было самой позорной смертью, известной людям его времени.

Истинный последователь Христа поступает так же. Он или она не получает никакого удовольствия от чувства превосходства. Истинные последователи Христа не боятся стыда или мнения других людей, потому что они доверяют Богу, который оправдает и защитит их.

Эта молитва об отказе от ложного чувства превосходства должна быть прочитана вслух всеми участниками, стоящими вместе.

Провозглашение и молитва об отречении от превосходства

Я благодарю Тебя, Отец, что я чудесно создан, потому что это Ты создал меня. Спасибо, что Ты любишь меня и называешь своим. Спасибо за привилегию следовать за Иисусом Христом.

Пожалуйста, простите меня за то, что я допускаю желание чувствовать свое превосходство. Я отрекаюсь и полностью отвергаю подобные желания. Я отказываюсь утешаться тем, что чувствую себя лучше других. Я признаю, что я такой же грешник, как и все остальные, и без Тебя я ничего не добьюсь.

Я также раскаиваюсь и отрекаюсь от чувства принадлежности к высшей группе или происхождению. Я исповедую, что в Твоих глазах все народы равны.

Я раскаиваюсь в том, что произносил слова презрения к другим и отвержения других, и прошу у Тебя прощения за все эти слова.

Я отказываюсь думать о людях плохо из-за их расы, пола, богатства или образования.

Я признаю, что только по милости Божьей могу находиться в Твоем присутствии. Я отделяю себя от всех человеческих суждений и обращаюсь к Тебе одному, чтобы Ты спас меня.

В частности, я отрекаюсь от исламского учения о превосходстве праведников, о том, что ислам делает людей успешными, и о превосходстве мусульман над немусульманами.

Я отвергаю и отрекаюсь от утверждения, что мужчины превосходят женщин.

Небесный Отец, я отказываюсь от ложного чувства превосходства и предпочитаю служить Тебе.

Господи, я также выбираю радоваться успехам других. Я отвергаю и отрекаюсь от всякой зависти и ревности к другим.

Господи, пожалуйста, дай мне здравое и точное суждение о том, кто я есть в Тебе. Научи меня истине о том, каким Ты меня видишь. Помоги мне быть довольным тем, кем Ты меня создал.

Аминь.

Свобода от проклятия

В этих разделах мы рассмотрим практику проклятия других в исламе, сделаем выбор в пользу отказа от этой практики и избавимся от проклятий, которые были наложены на нас.

Проклятия в исламе

Используя ресурсы из второй главы, верующие могут разработать молитвенные стратегии, чтобы помочь людям освободиться от различных видов рабства, будь то ислам или другие источники. Примеры таких молитв приведены в разделе "Пособие для ведущих групп".

В этом разделе мы рассмотрим особый исламский ритуал и приведем молитву об отказе от него. Эта молитва была разработана потому, что один христианин из мусульманской среды сказал мне, что этот ритуал был важной частью его религиозного опыта как мусульманина, и он чувствовал в нем духовную силу.

Коран призывает проклинать христиан, исповедующих божественность Христа: "Давайте… помолимся и призовем проклятие Аллаха на лжецов!" (С.3:61). Однако *хадисы* содержат противоречивые высказывания о проклятии. С одной стороны, в нескольких *хадисах сообщается*, что Мухаммад проклинает различные категории людей, включая иудеев или христиан, а также мужчин или женщин, подражающих противоположному полу. С другой стороны, есть *хадисы*, которые предостерегают от опасности проклятий и говорят, что мусульмане никогда не должны проклинать своих единоверцев.

Из-за этих противоречий мусульманские ученые расходятся во мнениях относительно того, законно ли мусульманам проклинать других, кого они могут проклинать и каков исламский способ делать это. Тем не менее, проклятия в адрес немусульман очень распространены в исламских культурах. В 1836 году Эдвард Лейн писал, что мусульманских школьников в Египте учат произносить проклятия в адрес христиан, евреев и всех остальных неверующих в ислам.[14]

Ритуал проклятия

Я разговаривал с бывшими мусульманами из разных стран, которые говорили, что у них было принято посещать массовые мероприятия с проклятиями в мечети.

Один из друзей описал эти мероприятия, которые проводились под руководством имама мечети – официального лица, возглавляющего пятничную молитву. Мужчины выстраивались в шеренги "плечом к плечу". Следуя за имамом и произнося все вместе, они проклинали тех, кого считали врагами ислама. Проклятия были ритуальными и повторяющимися. Этот друг рассказал, что проклинающие испытывали эмоциональную эйфорию, очень сильное чувство ненависти и возбуждения, а также интенсивный духовный "заряд" (ощущение силы, проходящей через их тело). Эта практика, по его мнению, передавалась от отца к сыну и связывала их вместе. Он чувствовал связь с отцом, а через него – с дедом и другими предками: все они стояли "плечом к плечу", чтобы проклясть других ради ислама.

Другой друг из Саудовской Аравии, ныне христианин, с нетерпением ждал определенного дня в Рамадан, месяц поста, когда тысячи мужчин собирались в Великой мечети Мекки, чтобы вместе помолиться. Он всегда с волнением ждал момента, когда немусульмане будут прокляты всей толпой. Он

---

14. Edward W. Lane, *An Account of the Manners and Customs of the Modern Egyptians*, p.276

тоже испытывал этот духовный "заряд", когда присоединялся к проклятиям. Имам плакал, призывая проклятия на неверных, и все присутствующие концентрировали свою энергию и ненависть на этом моменте, поддерживая проклятия имама.

Такое событие противоречит учению Иисуса о том, что проклинать запрещено (Луки 6:28): Христиане учат не проклинать других, а возвращать благословения за проклятия. Кроме того, такой ритуал устанавливает нечестивую "душевную связь" между верующим и имамом, а также между отцом и сыном, когда они совершают его вместе. Подобный опыт проклятий сильно повлиял на моего друга в молодости, до того как он познакомился с Иисусом.

Что означает выражение "связь душ"? Оно означает, что душа одного человека связана с душой другого: они не свободны друг от друга. Душевная связь – это своего рода открытая дверь или плацдарм, которые мы обсуждали во второй главе. По сути, душевные узы – это завет, который связывает двух людей вместе, чтобы духовное влияние могло переходить от одного к другому. Некоторые душевные узы могут быть хорошими и действительно могут быть источником благословения, как, например, благочестивые душевные узы между родителями и детьми, но другие могут быть источником вреда.

Когда у кого-то есть нечестивые душевные узы, прощение важно для того, чтобы эти душевные узы были разорваны. Пока кто-то хранит непрощение по отношению к другому человеку, между ними все еще существует нечестивая связь или связь души.

Душевные узы могут быть неблагочестивыми. К счастью, христиане могут разорвать нечестивые душевные узы, удалив их с помощью пяти-шагового процесса, описанного во второй главе: исповедаться и покаяться, отречься, разрушить, изгнать (если требуется) и, наконец, благословлять.

Как снять проклятие

Я преподавал на конференции, когда ко мне подошел молодой человек и попросил о помощи. Он и его семья переехали в одну из стран Ближнего Востока, где его готовили к миссионерскому служению. Однако семья столкнулась со многими трудностями, включая несчастные случаи и болезни. Обстоятельства стали настолько плохими, что они подумывали о том, чтобы все бросить и вернуться домой. Молодой человек задавался вопросом, не проклята ли их квартира, но не знал, что с этим делать. Я рассказал ему, как снять проклятие. Он взял этот совет на вооружение и стал молиться над своей квартирой, снимая все проклятия. После этого трудности в семье исчезли, и они смогли спокойно наслаждаться своим домом.

Многие люди, участвующие в служении мусульманам, в том числе верующие из мусульманской среды, подвергались проклятиям со стороны мусульман. Это могут быть проклятия, сделанные во имя Аллаха или с помощью колдовства.

Если вы считаете, что на вас или вашего близкого человека наложено проклятие, вот девять шагов, которые нужно предпринять, чтобы снять его:

- Во-первых, исповедуйтесь и покайтесь во всех грехах и провозгласите, что кровь Иисуса покрывает вашу жизнь.
- Затем уберите из дома все нечестивые или посвященные предметы.
- Затем простите того, кто породил проклятие, в том числе и себя, будь то грех или чей-то намеренный акт проклятия.
- Признайте и провозгласите власть, которую вы имеете во Христе.
- Отрекитесь от проклятия и снимите его, говоря: *"Я отрекаюсь от проклятия и снимаю его во имя Иисуса"*, утверждая суверенную силу и власть Иисуса Христа над всеми делами тьмы через Его крест.
- Провозгласите свою свободу от всякого зла во Христе, благодаря завершенной работе Христа на кресте.
- Прикажите всем демонам, связанным с этим проклятием, покинуть вас, вашу семью и ваш дом.

- Затем провозгласите благословения над собой, своей семьей и домом, включая противоположность любому проклятию, используя библейские стихи, где это уместно, например: "не умру, но буду жить и возвещать дела Господни. (Псалом 117:17)
- Славьте Бога за Его любовь, силу и благодать.

Встреча с истиной

Что в этом стихе говорится о нашем освобождении от проклятий?

> В Котором мы имеем искупление Кровию Его, прощение грехов, по богатству благодати Его... (Ефесянам 1:7)

Мы освобождены от проклятий, потому что искуплены Кровью Христа.

Какую власть над силами зла имеет христианин?

> Се, даю вам власть наступать на змей и скорпионов и на всю силу вражью, и ничто не повредит вам... (Луки 10:19)

Мы должны осознать, что во Христе мы можем взять власть над всей силой врага, в том числе и над всеми проклятиями.

Согласно следующему стиху, зачем Иисус пришел в этот мир?

> Для сего-то и явился Сын Божий, чтобы разрушить дела диавола. (1 Иоанна 3:8)

Иисус пришел, чтобы уничтожить власть сатаны, включая все злые проклятия.

Как распятие Иисуса исполнило закон Второзакония 21:23?

> Христос искупил нас от клятвы закона, сделавшись за нас клятвою (ибо написано: "проклят всяк, висящий на древе"), дабы благословение Авраамово через Христа Иисуса распространилось на язычников, чтобы нам получить обещанного Духа верою. (Галатам 3:13-14)

Во Второзаконии 21:23 говорится, что всякий, кто висит на столбе или дереве, проклят. Иисус Христос был проклят таким образом, будучи предан смерти на кресте, чтобы мы могли освободиться от проклятий. Он понес проклятие за нас, чтобы мы могли получить благословение.

Что в этом стихе говорится о незаслуженном проклятии?

> Как воробей вспорхнет, как ласточка улетит, так незаслуженное проклятие не сбудется. (Притчи 26:2)

Этот стих напоминает нам о том, что мы защищены и свободны от проклятий, если используем защиту крови и свободу креста и применяем их к нашей ситуации.

Что говорится в следующем стихе о силе крови над проклятиями?

> Но вы приступили к горе Сиону... и к Ходатаю нового завета – Иисусу, и к Крови кропления, говорящей лучше, нежели Авелева. (Евреям 12:22-24)

Кровь Иисуса говорит лучше, чем проклятие Каина, пролитое его братом Авелем. Кровь также говорит лучше, чем проклятия, которым мы подвергаемся.

Какое положительное повеление и пример даны христианам в Евангелии от Луки 6 и в посланиях Павла?

> ...говорю: любите врагов ваших, благотворите ненавидящим вас, благословляйте проклинающих вас, и молитесь за обижающих вас. (Луки 6:27-28)

> Благословляйте гонителей ваших; благословляйте, а не проклинайте. (Римлянам 12:14)

> ...и трудимся, работая своими руками. Злословят нас, мы благословляем; гонят нас, мы терпим (1-е Коринфянам 4:12)

Христиане призваны быть людьми благословения, как для друзей, так и для врагов.

Это молитва об освобождении от последствий участия в ритуалах проклятия, а также об освобождении от проклятий, насылаемых другими людьми. В ней применяются принципы, разработанные во второй главе.

Провозглашение и молитва об отречения от проклятий

Я признаю грехи моих предков и родителей, а также свои собственные грехи, связанные с проклятием других людей во имя ислама.

Я принимаю решение простить и отпустить моих предков, моего отца, имамов, которые ввели их и меня в эти проклятия, и всех остальных, кто повлиял на меня, чтобы я совершил этот грех, и за последствия в моей жизни.

Я решил простить всех, кто проклял меня или мою семью.

Я прошу Тебя простить меня, Господи, за то, что я поддаюсь проклятиям других и участвую в них.

Я принимаю твое прощение сейчас.

На основании Твоего прощения, Господи, я решаю простить себя за то, что проклинаю других.

Я отрекаюсь от греха проклятия и всех проклятий, которые стали следствием этого греха.

Я отрекаюсь от ненависти к другим.

Я отрекаюсь от сильных эмоций, связанных с участием в проклятиях других людей.

Я изгоняю эти силы из своей жизни (и из жизни моих потомков) благодаря искупительной работе Христа на кресте.

Я прошу Тебя, Господи, разрушить все проклятия, в которых я участвовал, и благослови тех, кого я проклял, всеми благословениями Царства Божьего.

Во имя Иисуса я отрекаюсь от всех проклятий, наложенных на меня, и снимаю их.

Я отвергаю и отрекаюсь от всех демонов ненависти и проклятий и повелеваю им оставить меня сейчас же, во имя Иисуса.

Я получаю от Бога свободу от всех проклятий, направленных против меня и моей семьи. Я получаю мир, кротость и власть благословлять других.

Я посвящаю свои уста тому, чтобы они произносили слова хвалы и благословения во все дни моей жизни.

Во имя Иисуса я провозглашаю полные благословения Царства Божьего над собой и своей семьей, включая жизнь, здоровье и радость.

Я признаю и отрекаюсь от всех безбожных связей, душевных уз и привязанностей с имамами и другими мусульманскими лидерами, которые приводили меня к исламским ритуалам, включая проклятие других людей.

Я прощаю этих лидеров за то, что они участвовали в создании или поддержании моих безбожных душевных связей.

Я прощаю себя за то, что поддерживал эти безбожные душевные связи со всеми мусульманами, чьему руководству я подчинился.

Я прошу Тебя, Господи, простить меня за все грехи, связанные с установлением или поддержанием этих душевных связей, особенно за грехи проклятия и ненависти к другим людям.

Я разрываю все неблагочестивые душевные узы и привязанности к мусульманским лидерам [конкретно называю всех, кто приходит на ум] и освобождаю себя от них [или имени], а их [или имя] от меня.

Господи, пожалуйста, очисти мой разум от всех воспоминаний о неблагочестивых союзах, чтобы я мог свободно отдаться Тебе.

Я отрекаюсь от всех демонов, пытающихся поддерживать эти нечестивые душевные связи, и приказываю им покинуть меня сейчас же, во имя Иисуса.

Я связываю себя со Христом Иисусом и выбираю следовать только за Ним.

Аминь.

8

Свободная церковь

"Кто пребывает во Мне, и Я в нем, тот приносит много плода."
Иоанна 15:5

В этой главе предлагаются рекомендации, как поддержать здоровый путь ученичества и построить здоровую церковную среду для верующих из мусульманской среды (ВМС): людей, которые решили оставить ислам и следовать за Христом. Хорошо, когда каждый ученик хочет быть подготовленным и пригодным для служения Божьим целям (2 Тимофею 2:20-21), но для достижения этого им нужна здоровая церковная среда, способная поддержать их рост. Прежде чем рассмотреть, как этого достичь, мы рассмотрим три проблемы, с которыми сталкиваются новообращенные: отпадение и возвращение в ислам, неплодотворное ученичество, и нездоровые церкви.

Отпадение

Некоторые люди, которые уходят из ислама, чтобы следовать за Христом, в итоге возвращаются в ислам. Этому есть много причин. Одной из причин может быть боль от потери общины, когда мусульманская семья и друзья отвергают новообращенного в христианство. Другая причина – многочисленные препятствия и преграды, которые ислам ставит на пути тех, кто его покидает. Еще одна причина – прямое преследование.

И еще одной причиной может быть разочарование в христианах и в церкви. Когда люди, пытающиеся покинуть ислам, обращаются к близким христианам в поисках наставления и помощи, они могут столкнуться с неприятием и неожиданными препятствиями на пути к полному принятию в христианской общине. Многим даже отказали в церкви. Это происходит из-за страха, вызванного требованием ислама, согласно которому *зимми* не должен помогать кому-либо покинуть ислам. Помогая кому-либо выйти из ислама, христианская община подвергает себя риску, поскольку лишается "защиты", предоставляемой немусульманам.

Чтобы изменить эту модель отказа христиан от новообращенных, церковь должна понять и отвергнуть договор *зима* и то бремя, которое он налагает. Пока церкви и отдельные христиане остаются духовно связанными влиянием договора *зимма*, они будут испытывать большое духовное давление, чтобы не помогать тем, кто покидает ислам. Чтобы решить эту проблему, церкви необходимо противостоять системе *зимма*, отречься от нее и отвергнуть ее.

Другая причина отпадения людей заключается в том, что влияние ислама на их душу продолжается, формируя образ мыслей и отношения с окружающими. Поэтому вернуться к исламу может быть легче, чем продолжать оставаться христианином. Это похоже на покупку новой обуви: иногда кажется, что старая обувь подходит лучше и в ней удобнее.

Неплодотворное ученичество

Второй проблемой может стать неплодотворное ученичество. Люди с мусульманским происхождением могут испытывать сильные эмоциональные и духовные блокировки и контроль, которые препятствуют духовному росту. Среди распространенных проблем – страх, чувство незащищенности, любовь к деньгам, чувство отверженности, ощущение себя жертвой, обида, неспособность доверять другим, эмоциональная боль, сексуальный грех, сплетни и ложь. Все это может помешать человеку расти.

В основе таких проблем лежит постоянное контролирующее влияние ислама. Например, в исламе делается акцент на превосходстве над другими, и считается, что мусульмане превосходят немусульман. В культуре превосходства люди испытывают комфорт, чувствуя себя лучше других. В церкви это может привести к соперничеству. Например, если одного человека назначают лидером, другие обижаются, что их не назначили. Потребность чувствовать свое превосходство также порождает культуру сплетен, которая дает возможность принижать других людей. Люди могут сплетничать, потому что считают себя лучше тех, о ком сплетничают. Еще одной проблемой может стать дух обиды, который набирает силу благодаря тому, как Мухаммад реагировал на отвержение.

Один молодой человек из Ирака стал христианином и получил убежище в Канаде. Он пытался посещать церкви, но каждый раз, когда он посещал новую церковь, он на что-то обижался и критиковал других прихожан как лицемеров. В итоге этот человек жил очень изолированно, одиноко, оставаясь христианином, но будучи полностью отрезанным от христианской общины. Это означало, что его рост в ученичестве был полностью остановлен: он не мог расти в зрелости. Он не мог приносить плод.

Нездоровые церкви

Одна из главных проблем, с которой сталкиваются новообращенные – найти здоровую церковь. Церковь – это не курорт для праведников, а больница для грешников, или именно такой она должна быть. Грешникам действительно место в церкви, но также, как люди могут заболеть в больнице, когда члены церкви не растут в христианской зрелости, их грехи и проблемы могут усилиться и нанести вред всей общине. Это может разорвать церкви на части и привести их к краху. Как нездоровые христиане могут создавать нездоровые церкви, так и нездоровые церкви, в свою очередь, могут затруднять рост своих членов в здоровой зрелости.

Если члены церкви сплетничают о своем пасторе, то в итоге они принесут вред своему пастору, или у них вообще не будет пастора. Все будут страдать. Это также вызовет разделение и развал в церковной общине, и мало кто захочет служить лидером в такой церкви. Другой пример: если члены церкви склонны мыслить соревновательно, желая превзойти других, это может привести к тому, что церкви в одном городе будут критиковать друг друга, утверждая, что они лучше. Вместо того чтобы испытывать великое благословение от совместной работы, эти церкви воспринимают друг друга как угрозу, а не как партнеров в Евангелии.

Необходимость оставаться свободным

Вспомните из второй главы, что сатана – обвинитель, и его основная стратегия заключается в том, чтобы обвинять верующих христиан. Чтобы обвинить их, он будет использовать все "законные права", которые у него есть против них, такие как неисповеданный грех, непрощение, слова, которые связывают нас (включая клятвы, обеты и заветы), душевные раны и родовые проклятия. Чтобы стать свободными, ученикам Христа необходимо аннулировать эти права, избавиться от плацдармов и закрыть открытые двери.

В Евангелии от Матфея 12:43-45 Иисус рассказывает притчу о том, как после изгнания злого духа из человека он может вернуться и снова вселиться в него, приведя с собой семь других духов, еще хуже себя, так что в конце концов положение человека будет гораздо хуже, чем до изгнания демона. Иисус использует в притче образ дома, выметенного и пустого, готового к новому заселению. Как духи могут снова войти в этот дом? Во-первых, дверь должна быть оставлена открытой, а во-вторых, дом должен оставаться "не занят" (Матфея 12:44).

Вот две проблемы:

19. Дверь была оставлена открытой
20. Дом оставался пустым

Чтобы построить здоровую церковь, нам нужны здоровые христиане. А чтобы быть здоровым, христианин должен быть свободным. Это значит, что он должен закрыть все открытые двери, которыми может воспользоваться сатана, а его душа должна быть наполнена добром, чтобы заменить изгнанное зло.

Все двери должны быть закрыты. Все до единой! В духовной свободе важно то, что недостаточно закрыть только одну открытую дверь. Нужно закрыть все. Нет смысла устанавливать самый лучший в мире замок на задней двери дома, если передняя дверь остается открытой. Если мы лишаем человека одного законного права, которое сатана использовал против него, но не разбираемся с другими, он еще не свободен.

Получить свободу – это одно. Остаться свободным – совсем другое. Не менее важно, чем закрывать двери, наполнять дом и не оставлять его пустым. Это включает в себя молитву о том, чтобы человек исполнился Святого Духа. Это также означает культивирование благочестивого образа жизни, чтобы душа наполнялась добром.

Предположим, что человек попал в рабство из-за лжи, в которую он верил и которую произносил. От лжи нужно отказаться, а кроме того, принять истину, размышлять о ней, и наслаждаться ею. Прочь ложь, внутрь истина!

Рассмотрим другую ситуацию: человек, пораженный демоном ненависти, который привел к плохим поступкам, включая множество ненавистных проклятий, произнесенных в адрес других людей. Когда этот демон ненависти изгоняется, человеку нужно не только отказаться от ненависти, но и начать вести образ жизни, любя и благословляя других, созидая свою душу, а не разрушая ее. Необходимо изменить свои привычки и весь образ мышления. Церковная община играет важную роль в том, чтобы помочь человеку оставаться свободным. Они могут помочь человеку обновить и перестроить свою душу, чтобы стать преображенной личностью.

Павел часто пишет об этом процессе в своих посланиях. Он постоянно молится и трудится, чтобы верующие созидались в истине и любви. Он постоянно помнит, какими были верующие когда-то, и иногда напоминает об этом, чтобы ободрить людей продолжать расти:

> Ибо и мы были некогда несмысленны, непокорны, заблудшие, были рабы похотей и различных удовольствий, жили в злобе и зависти, были гнусны, ненавидели друг друга. (Тит. 3:3)

Но ученики Христа больше не должны так жить. Мы изменились и должны продолжать меняться, чтобы все больше и больше становиться похожими на Иисуса, Который был непорочен и не дал никаких законных прав сатане. Поэтому Павел пишет филиппийцам:

> ...молюсь о том, чтобы любовь ваша еще более и более возрастала в познании и всяком чувстве, чтобы, познавая лучшее, вы были чисты и непреткновенны в день Христов, исполнены плодов праведности Иисусом Христом, в славу и похвалу Божию (Филиппийцам 1:9-11)

Какая прекрасная картина здорового ученика, возрастающего в любви, познании и мудрости, чистого и непорочного, приносящего добрый плод, который приносит хвалу Богу! Этот человек не только освобожден, но и дом его души, вместо того чтобы быть опасно "незанятым", наполняется благами Иисуса Христа.

Ключевая роль церкви и пастора - помочь ученикам жить именно так: закрыть все открытые двери для сатаны и помочь верующим наполниться всеми благами Христа.

Формирование учеников - это великое призвание, и нам предстоит многому научиться. Здесь мы рассмотрим, как поддержать здоровый рост учеников, освободившихся от уз ислама.

Исцеление и избавление

Мы подчеркивали необходимость закрыть все двери и удалить все плацдармы. В жизни каждого ученика некоторые из них могут быть напрямую связаны с влиянием ислама, и молитвенные ресурсы, представленные здесь, могут быть использованы для того, чтобы закрыть дверь для ислама.

Однако ученики Христа могут иметь в своей жизни и другие узы, не связанные непосредственно с исламом. Они могут быть связаны с любой из областей, описанных во второй главе: неисповеданный грех, непрощение, душевные раны, слова и связанные с ними ритуальные действия, ложь и родовые проклятия. В жизни бывших мусульман можно наблюдать разрушительные последствия нанесенные:

- непрощением
- жестокими отцами
- распадом семьи (развод, полигамия)
- наркоманией
- оккультизмом и колдовством
- сексуальными травмами (в результате нападения, изнасилования, инцеста)
- насилием
- родовыми проклятиями
- гневом
- отвержением и самоотрицанием
- ситуациями, когда женщины не доверяют и ненавидят мужчин
- ситуациями, когда мужчины презирают женщин.

Многие из этих сфер могут быть подвержены влиянию ислама на культуру и семейную жизнь, но у людей есть и личный духовный багаж, накопленный в течение жизни. Чтобы продвигаться к христианской зрелости, нам нужно освободиться от всего этого, а не только от ислама.

Один молодой человек страдал от семейного заболевания, которое вызывало серьезные проблемы с желудком: большинство его родственников умерли от рака желудка. Врачи в Иране и Австралии сказали ему, что у него предраковое состояние желудка, от которого он вынужден постоянно принимать лекарства. В какой-то момент он понял, что это может быть вызвано проклятием, наложенным на его семью. Он отказался от этого родового проклятия и заново посвятил себя Богу. Он полностью исцелился и перестал принимать все лекарства. Примечательно, что в то же время он получил исцеление от склонности к стрессам и тревожности. Он стал намного спокойнее и больше доверял Богу в своих жизненных обстоятельствах. Это исцеление и освобождение стало важным шагом в подготовке его к стрессам, связанным со служением пастора.

Чтобы иметь здоровую церковь, служение, которое имеет дело со всеми видами открытых дверей и предоставленных сатане мест, должно быть нормальной частью пасторской заботы о верующих. Помните, что при защите дома недостаточно закрыть только одну дверь или дверь договоров ислама: необходимо закрыть *все* входы в дом.

Обучение с учетом слабых сторон

Представьте себе старый, разрушенный дом. Крыша протекает, сквозь нее видно небо. Окна, которые когда-то были стеклянными, разбиты, и в них свободно дует ветер. Двери сорваны с петель и валяются на земле. Внутри стены разрушены, в них пробиты дыры. Пол прогнил. Фундамент потрескался и разрушился. А в доме живут люди, которым он не принадлежит. Их там быть не должно, и они фактически разрушают дом.

Чтобы восстановить этот дом, необходимо проделать большую работу. Прежде всего нужно сделать дом безопасным: починить крышу, поставить новые окна и прочные двери с замками, чтобы в него больше не могли проникнуть посторонние. Это первый шаг в служении освобождения: закрыть все двери. Это нужно сделать в первую очередь, потому что если не закрыть все двери, то захватчики (демоны) могут просто вернуться через одну из открытых дверей.

После того как дом будет надежно защищен, можно приступать к другим работам: восстанавливать фундамент, ремонтировать стены, делать дом красивым и удобным для жизни.

Когда бывшие мусульмане приходят ко Христу, они могут принести с собой израненные души, поврежденные исламом и исламской культурой, которые необходимо восстановить.

Душа верующего подобна ведру. Мы предназначены для хранения чистой, сладкой воды: воды жизни, которая исходит от Иисуса Христа. Именно такой должна быть наша жизнь. Но если в ведре есть дыра или трещина– например, слабость в нашем характере, - то ведро не может наполнится. Ведро может вместить воду только до самого нижнего отверстия или трещины в его боку. Чтобы ведро вмещало больше воды, нам нужно заполнить эту брешь.

Повсюду в мире, где ислам пустил корни, это повреждение души имеет схожую картину. Как отметил Дон Литтл, "влияние ислама в различных условиях создает одинаковые препятствия для ВМС, стремящихся жить для Христа". [15]

Еще один способ подумать об этом – рассмотреть, что происходит, когда кто-то попадает в тяжелую аварию, и ему требуется много времени на восстановление. Обычно некоторые мышцы ослабевают и даже теряют свою силу из-за недостаточного использования. Чтобы полностью восстановиться, такому человеку могут помочь очень специфические упражнения для укрепления слабых мышц

---

15. Don Little, *Effective Discipling in Muslim Communities*, p.170

(физиотерапия). Эти упражнения могут занять много времени и быть довольно болезненными, но они необходимы для того, чтобы все тело снова заработало как надо. Вы сможете сделать только столько, сколько позволит вам ваша самая слабая мышца.

Это означает, что программа обучения для церкви верующих из мусульманской среды должна тщательно и систематически устранять этот ущерб. Мы называем это "обучением в пробелах": говорить библейскую истину в тех областях, где раньше господствовала ложь. Существует множество различных областей, которые необходимо затронуть.

Одним из основных принципов Мухаммада было превосходство одного человека над другим, например, мусульман над немусульманами. Он считал постыдным быть ниже другого человека. В исламских обществах желание быть лучше других людей обычно является частью культурного эмоционального мировоззрения. Один христианин заявил, что в иранской культуре люди радуются, когда видят, как другой человек падает на улице, или слышат, что кто-то провалил экзамен. Они радуются, потому что не они упали или провалились, и поэтому чувствуют свое превосходство.

Такой взгляд на достоинства человека может стать причиной многих проблем в церквях. Например, люди в одной церкви могут утверждать, что их церковь выше других церквей. Такое отношение вызывает обиду, и церкви в районе отказываются работать вместе. При таком отношении, если одного человека назначают на руководящую должность, другой может чувствовать себя отвергнутым и ревновать, спрашивая: "Почему они не выбрали меня? Неужели они думают, что я не гожусь?" Эта проблема может быть настолько серьезной, что люди отказываются выдвигать себя на лидерские роли, потому что боятся, что подвергнутся нападкам и критике со стороны других людей в церкви.

При таком отношении люди часто не знают, как смиренно предложить конструктивную обратную связь, чтобы улучшить жизнь церкви. Вместо этого они говорят так, будто являются экспертами, говорят с гордостью и бесчувственно поправляют других людей.

Такое отношение также провоцирует сплетни, ведь люди получают удовольствие от того, что поносят других.

Чтобы решить эту глубокую проблему, необходимо учить воспитывать сердце слуги: люди должны узнать, почему Иисус омыл ноги своим ученикам, и услышать Его повеление делать то же самое. Людей также нужно учить находить свою идентичность во Христе, а не в том, что они делают или что другие люди говорят или думают о них. Их нужно научить "хвалиться" и "радоваться" своим слабостям (2-е Коринфянам 12:9-10). Они должны усвоить, что любить других – значит радоваться их успехам и скорбеть, когда они страдают или находятся в печали (Римлянам 12:15; 1-е Коринфянам 12:26). Люди также нуждаются в обучении тому, как говорить истину в любви. Верующих также нужно учить о разрушительном воздействии сплетен и о том, как правильно реагировать, если на брата или сестру жалуются.

Еще одна проблема для людей, приходящих из ислама ко Христу, - научиться говорить правду. В исламских культурах люди могут быть приучены быть закрытыми (см. главу 7 об обмане), часто для того, чтобы избежать позора. Например, вы видите христианина в церкви и чувствуете, что он с чем-то борется, поэтому спрашиваете: "Как дела? Все в порядке?". На самом деле проблема есть, и человек не в порядке, но он говорит: "Спасибо, у меня все хорошо. Все хорошо". Таким образом, они сохраняют маску. Такая тенденция скрывать свои проблемы характерна для людей, покинувших ислам. Сатана использует это, чтобы помешать ученикам расти, не давая им просить о помощи.

Чтобы решить эту проблему, ученикам нужно постоянно рассказывать о том, как важно говорить друг другу правду, и почему это так важно для личного роста и свободы.

Существует множество других областей исламской культуры, в которых необходимо учить, чтобы восполнить пробелы, например:

- необходимость прощения и умение его применять
- преодоление склонности легко чувствовать себя отверженным и обижаться на других
- учиться служить таким образом, чтобы укреплять доверие между людьми
- отказ от колдовских практик
- женщины и мужчины учатся уважать друг друга и говорить правду в своих отношениях, с любовью и смирением, без гордыни
- родители учатся благословлять своих детей, а не проклинать их.

(См. список проблем, вызванных исламом и следованием примеру Мухаммада, в конце четвертой главы).

Очень важно подчеркнуть, что учение, фокусирующееся на пробелах должно быть систематическим и тщательным, глубоко прорабатывающим вопросы, чтобы люди могли перестроить все свое эмоциональное и богословское мировоззрение.

В этом разделе мы рассмотрим, как формировать верующих и лидеров.

Начните хорошо

Дон Литтл сравнивает двух миссионеров, работающих среди мусульман в Северной Африке. Оба работали там в течение многих лет.[16]

Стив мог быстро привести мусульман к посвящению Христу, иногда уже в первой беседе с ними. Однако почти каждый из этих новообращенных отпадал, часто в течение нескольких недель после принятия решения следовать за Иисусом. Лишь немногие продержались больше года. Метод Стива заключался в том, чтобы быстро приводить людей к вере в Христа и доверять Святому Духу, который поможет им расти и узнавать больше о христианской вере.

Подход Шери и ее процент успеха были противоположными. Прежде чем привести людей к Христу, ей требовалось много времени, иногда годы. Она предлагала женщинам, с которыми работала, стать учениками только тогда, когда была уверена, что они полностью понимают, что будет означать обращение ко Христу, включая возможность преследований и развода со стороны мужей. Все женщины, которых она привела ко Христу, стали убежденными верующими, чья вера сохранилась даже после того, как Шери была выслана из Северной Африки.

Очень важно, чтобы процесс посвящения мусульман, приходящих ко Христу и их ученичества, был тщательным. Вспомните шесть шагов следования за Христом из пятой главы:

1. *Два исповедания*:

    - Я грешник и не могу спасти себя сам.
    - Есть только один Бог, Творец, Который послал Своего Сына Иисуса умереть за мои грехи.

2. *Разворот* (покаяние) от своих грехов и от всего дурного.

---

16. Don Little, *Effective Discipling in Muslim Communities*, pp.26-27

3. *Просьбы* о прощении, свободе, вечной жизни и Святом Духе.
4. *Передача власти* Христу как Господу моей жизни.
5. *Обещание* и **посвящение** моей жизни подчинению и служению Христу.
6. **Провозглашение** моей идентичности во Христе.

Похоже, что Стив проводил новообращенных через шаги 1-2 и, возможно, шаг 3, но не закреплял их на шагах 4-6. Полная передача верности (шаг 4) требует разрыва связей с исламом и замены их полной преданностью Иисусу. Обещание и посвящение (шаг 5) должно включать в себя готовность к гонениям, а это также требует понимания библейской этики: чтобы посвятить себя, нужно понимать какой жизни вы себя посвящаете. Провозглашение новой идентичности (шаг 6) требует понимания христианского положения и того, что значит быть ребенком Бога через Иисуса Христа, а не просто "покорным" Аллаху. Это также означает понимание того, что значит потерять свою прежнюю идентичность, будучи исключенным из *Уммы*, включая возможную разлуку с друзьями и семьей.

Кроме того, шаг 3 требует зрелого понимания того, что значит быть свободным во Христе, что значит прощать других и какова природа жизни в Духе.

Для того чтобы по-настоящему глубоко посвятить себя этим шагам с полным пониманием, необходим процесс ученичества. Благодаря этому процессу человек может научиться тщательно и вдумчиво отбрасывать исламское мировоззрение и заменять его библейским.

Когда кто-то обращается к Христу и обязуется следовать за Ним, он фактически объявляет войну сатане. Он берет на себя обязательство отобрать права у сатаны и передать все права на свою жизнь Иисусу Христу. Это не простое или поверхностное решение. Оно должно быть подкреплено полным пониманием и волей человека.

По этим причинам служителям Евангелия рекомендуется не торопиться с крещением и не спешить приводить людей к молитве о посвящении себя следованию за Иисусом. Они должны делать это только тогда, когда человек полностью осознает, что это значит для него и для тех, кого он любит.

Также не рекомендуется крестить кого-либо до тех пор, пока он не произнесет молитву "Провозглашение и молитва об отречении от *шахады* и разрушении ее силы" (см. главу 5), с полным пониманием и обязательством. Этому акту должно предшествовать обучение, чтобы объяснить его значение. Это должно быть сделано за некоторое время до крещения. Молитва об отречении также может быть включена в ритуал крещения. Это отречение позволяет полностью посвятить себя четвертому шагу: полного посвящения Иисусу Христу как Господу, что означает отказ от всех притязаний ислама на свою жизнь.

Наставник начинающих лидеров

Одна из самых больших нужд, с которой сталкиваются верующие из мусульманской среды в современном мире – это более зрелые пасторы, которые также являются ВМС. Нездоровые лидеры выращивают нездоровые церкви. Для того чтобы иметь здоровую церковь, где люди растут в зрелости и свободе, церкви нужны здоровые лидеры. Очень важно инвестировать в лидеров ВМС, которые могут руководить здоровыми церквями. Эти инвестиции требуют многолетней заботы и поддержки.

Прежде чем вкладываться в потенциальных лидеров, их нужно найти! Ключевой принцип: не спешите продвигать людей в лидеры. Если вы продвинете кого-то слишком быстро, вы можете пожалеть об этом, если позже появится кто-то лучше. Люди с исламским происхождением могут тяжело переживать отказ и конкуренцию, поэтому, прежде чем возводить кого-то в ранг лидера, убедитесь, что:

- они готовы к тому, чтобы их выбрали
- у них есть смирение, чтобы взять на себя роль лидера
- они обучаемы
- у них хватит стойкости, чтобы справляться с неизбежной критикой в свой адрес.

Если вы из мусульманской среды и чувствуете призвание возглавить церковь, не ищите самого быстрого или легкого способа подготовки. Смиренно поймите, что вам потребуется время, чтобы подготовиться. Будьте готовы пройти обучение. Будьте терпеливы. Будьте обучаемы.

Лидеры ВМС могут быть испорчены слишком быстрым продвижением. Если их продвигать слишком быстро, они могут не научиться смирению: им может показаться, что они знают все, что нужно знать, и не нуждаются в дальнейшем формировании и обучении. С потенциальными лидерами может быть разумно сделать ряд краткосрочных назначений, сначала на пробной или стажерской основе, и только постепенно утверждать их на более постоянную роль лидера, когда они докажут свое призвание и пригодность в глазах общины. Если продвигать людей слишком быстро, до того, как они успеют проявить себя в глазах общины, они могут испытать раннее отвержение, не будучи готовыми справиться с ним, и это может повредить их становлению.

Воспитание здоровых лидеров требует много времени, а для развития зрелых христианских лидеров необходима долгосрочная перспектива. Для любого новообращенного, который является потенциальным лидером, рост христианской зрелости занимает годы. Нужно многому научиться, потому что для людей, пришедших из исламской среды, необходимо полностью перестроить определенный образ мыслей и чувств в отношении жизни и отношений.

Вот 12 ключевых элементов наставничества для взращивания зрелых лидеров:

1. Обучаемый (ученик) должен регулярно встречаться с тем, кто его обучает (наставником), по крайней мере раз в неделю.

2. Научить и показать обучающимся лидерам, как проводить богословские размышления, объединяя жизненный опыт с верой. Речь идет о том, чтобы научиться применять библейские ресурсы для решения практических задач повседневной жизни и служения. Благодаря намеренному богословскому размышлению характер человека открывается истине и может постепенно перестраиваться, чтобы все больше соответствовать модели Иисуса Христа.

3. Проводите обучения по открытости и честности: предъявляйте к ним высокие требования. Если наставляемый носит маску, то зрелой станет только маска! В один прекрасный день настоящий человек может просто выйти из комнаты и оставить маску позади. Тогда вы обнаружите, что он был не тем человеком, за которого вы его принимали.

   Наставнику также важно показать, что значит быть открытым, если он ожидает, что потенциальный лидер будет открыто рассказывать о своих трудностях.

   Когда я впервые начал наставлять пару, которая была потенциальными пасторами церкви бывших мусульман, на нашей первой встрече я спросил: "У вас есть какие-нибудь проблемы?"

   Они ответили: "Нет".

   На следующей неделе мы снова встретились, и я снова спросил: "У вас есть какие-нибудь проблемы?"

   В ответ прозвучало: "Нет".

   Мы встретились на третьей неделе, и я еще раз спросил: "У вас есть какие-нибудь проблемы?"

   И снова ответ: "Нет".

Тогда я сказал: "Мне очень жаль это слышать. Либо у вас есть проблемы, и вы не знаете об этом, что нехорошо, либо у вас есть проблемы, и вы не говорите мне об этом, что тоже нехорошо. Что из этого лучше?"

Затем пара начала открываться: у них были проблемы, но исламская культура научила их, что стыдно показывать слабости или трудности другим. Однако с того дня наши отношения преобразились, поскольку они открыто делились трудностями и проблемами, с которыми сталкивались. С этого момента я смог помочь им. Благодаря этому процессу возникло доверие, и они быстро выросли в христианской зрелости.

4. И наставник, и потенциальный лидер должны проявлять инициативу и намеренно поднимать вопросы, над которыми нужно работать. Поощряйте ученика определять проблемы и обсуждать их на ваших встречах.

5. Ученику и его наставнику необходимо вместе решать ключевые проблемы и принимать решения, влияющие на жизнь общины. Таким образом, обучающийся лидер может научиться решать сложные вопросы в пасторском служении благочестивым, библейским способом.

6. Наставляя ученика, помогите ему ходить в свободе. Почти каждому человеку необходимо освободиться от чего-то в процессе подготовки к служению. Если не решить проблему уз и не исцелить раны, отсутствие исцеления и свободы будет ограничивать плодотворность человека в будущем. Когда возникают проблемы, указывающие на недостаток личной свободы, решайте их, применяя ресурсы, которые мы имеем во Христе. Они описаны во второй главе. Кроме того, тот, кто прошел через процесс освобождения, лучше поймет, как помочь другим стать свободными.

7. Обучите ученика ВМС заботиться о себе. Лидерам ВМС важно научиться заботиться о себе и своих семьях в первую очередь. В этом непростом служении много трудностей, и

если пастор не делает приоритетом заботу о себе и своей семье, он может долго не продержаться. Если пастор не заботится о своей семье, его служению не доверяют. Люди спросят: "Как они могут заботиться о церкви, если не могут позаботиться о своей семье?"

8. Если ваши лидеры – семейная пара, им понадобится поддержка, чтобы укрепиться в понимании того, что значит христианский брак, основанный на взаимной любви и уважении, а не на доминировании и контроле одного человека над другим.

9. Подчеркните важность самоанализа в служении. Если люди склонны к соперничеству, им не хватает открытости и они хотят чувствовать свое превосходство над другими, им не хватает понимания себя. Это может быть частью ущерба, наносимого исламом. Чтобы расти, наставляемый должен научиться ценить критическую обратную связь как ценный дар и ресурс. Это означает, что нужно научиться не защищаться, не чувствовать угрозы, обиды или неприятия, когда отзывы носят критический характер. В то же время наставник должен демонстрировать восприимчивый и открытый подход, показывая самосознание в том, как он ищет и реагирует на обратную связь. Если стажеры видят, что наставник способен принимать критическую обратную связь, они сами будут лучше ее воспринимать.

10. Помочь обучающимся переживать разочарования угодным Богу способом, чтобы они могли стать стойкими. Научить обучающегося лидера ВМС применять библейские ресурсы веры, когда его подводят другие люди, или в ситуациях, когда жизненные обстоятельства кажутся непреодолимыми.

11. Подготовьте ученика к духовной войне. Служение людям, приходящим ко Христу, всегда сопряжено с сопротивлением со стороны лукавого: они не могут этого избежать. Верующие из мусульманской среды должны быть обучены тому, как держать удар во время атак сатаны.

12. Моделируйте доверие и сотрудничество с другими христианами и развивайте благочестивые партнерские отношения с другими служениями. Это необходимо для того, чтобы ВМС возрастали в понимании Тела Христова: это воздает честь Богу и является способом получить Божье благословение для вашей церкви. Это также хороший способ научить смирению.

Дополнительные материалы

Для получения более подробной информации о многих темах, связанных с исламом, о которых здесь рассказывается, обратитесь к книге Марка Дьюри *Третий выбор: ислам, зиммитюд и свобода (The Third Choice: Islam, Dhimmitude and Freedom)*.

Ресурсы *"Свобода пленным"* на разных языках, включая молитвы, можно найти на сайте luke4-18.com.

Для получения дополнительной информации о шагах, необходимых для освобождения людей от демонов, Марк Дьюри рекомендует книгу Пабло Боттари *"Свобода во Христе"*. Она доступна на английском и испанском языках. Он также рекомендует учебные ресурсы на сайте freemin.org (на английском и некоторых других языках).

Вот несколько дополнительных молитв, которые помогут освободить людей.

Молитва о прощении[17]

Отец, ты ясно дал понять, что требуешь от меня прощения. Ты желаешь исцеления и свободы, которые приносит мне прощение.

Сегодня я выбираю простить всех, кто подтолкнул меня ко греху [назовите их], *и всех, кто причинил мне боль* [назовите их]. *Я решаю простить их, всех и каждого, за* [назовите причиненное ими зло].

---

17. Эта и две следующие молитвы основаны на молитвах из следующей книги: Chester and Betsy Kylstra, "*Restoring the Foundations*", p. 98.

Я отказываюсь осуждать их и размышлять о наказаниях для них в своем сердце. Я передаю [их имена] Тебе, ибо Ты – единственный праведный Судья.

Господи, пожалуйста, прости меня за то, что я позволяю своим реакциям причинять боль другим и себе.

На основании Твоего прощения я решаю простить себя за то, что позволил этой обиде повлиять на мое отношение и поведение.

Святой Дух, я благодарю Тебя за то, что Ты ввел прощение в мою жизнь, дал мне благодать, необходимую для прощения, и продолжаешь давать мне возможность прощать.

Во имя Иисуса,

Аминь.

Молитва об отказе от лжи (нечестивых убеждений)

Отче, я исповедую свой грех (и грех моих предков) в том, что поверил в ложь о том, что [назовите эту ложь].

Я прощаю тех, кто способствовал формированию этого нечестивого убеждения, особенно [назовите их].

Я каюсь в этом грехе и прошу Тебя, Господи, простить меня за то, что я принял это нечестивое убеждение, за то, что я живу на его основе, и за то, что я осуждал других из-за этого. Я принимаю Твое прощение сейчас [подождите и получите от Бога].

На основании Твоего прощения, Господи, я решаю простить себя за то, что поверил в эту ложь.

Я отрекаюсь и разрываю все соглашения, которые я заключил с этой безбожной верой. Я аннулирую свои соглашения с царством тьмы. Я разрываю все соглашения, которые я заключил с демонами.

Господи, какую истину Ты хочешь открыть мне об этом нечестивом убеждении? [Подождите и послушайте Господа, чтобы затем провозгласить истину, которая исправит ложь].

Я провозглашаю истину, что [назовите истину].

Во имя Иисуса,

Аминь.

Молитва о родовом грехе

Я исповедую грехи моих предков, грехи моих родителей и мои собственные грехи [назовите грех(и)].

Я решаю простить и отпустить своих предков, а также всех других людей, оказавших на меня влияние, за эти грехи и проклятия, а также за последствия в моей жизни [назовите их конкретно].

Я прошу Тебя, Господи, прости меня за эти грехи: за то, что я поддался им и их проклятиям. Я принимаю Твое прощение.

На основании Твоего прощения, Господи, я решаю простить себя за то, что впал в эти грехи.

Я отказываюсь от греха и проклятий [назовите их].

Я снимаю власть этих грехов и проклятий с моей жизни и с жизни моих потомков благодаря искупительной работе Христа на кресте.

Я принимаю Твою свободу от этих грехов и вытекающих из них проклятий. Я получаю [конкретно назовите Божьи благословения, которые вы получаете с верой].

Во имя Иисуса,

Аминь.

www.ingramcontent.com/pod-product-compliance
Lightning Source LLC
Chambersburg PA
CBHW060154050426
42446CB00013B/2824